Heinrich Oswald

Krisenfall im Management

Heinrich Oswald

Krisenfall im Management
Die Interimslösung

verlag
moderne industrie

CIP-Titelaufnahme der Deutschen Bibliothek

Oswald, Heinrich:
Krisenfall im Management : die Interimslösung / Heinrich
Oswald. - Zürich : Verl. moderne industrie, 1989
ISBN 3-478-31040-7

© 1989 Alle Rechte bei verlag moderne industrie Zürich AG
Umschlaggestaltung: Hubert Patscheider
Satz: Satzstudio Decker, München
Druck und Bindearbeiten: Kessler, Bobingen
Printed in Germany 310040/0289 402
ISBN 3-478-31040-7

Das Interim
Hat den Schalk hinter ihm.
Wie viel Schälke muß es geben,
Da wir alle ad interim leben?

Goethe , Sprichwörtlich

Inhaltsverzeichnis

Vorwort

Die Zeit standardisierter Management-Modelle, schablonisierter Patent-Lösungen und akademischer Führungsrezepte ist vorbei. Nach allzulanger Dominanz der »reinen Vernunft« wird dem Gefühl und der Intuition ihre Bedeutung wieder zuerkannt. In Theorie und Praxis, an Hochschulen und in Betrieben ist die Einsicht gereift, daß Unternehmungsführung nicht etwas künstlich Konstruierbares, sondern vielmehr die lebendige Umsetzung tiefer und umfassender Gesamt-Schau ist. Allerorts ertönt nun der Ruf nach »interdisziplinärem Verhalten« und »Netz-Denken«. Lange hat es gedauert, bis die unumstößliche Wahrheit wieder zu Ehren gekommen ist, wonach das Ganze mehr ist als die Summe seiner Teile.

Diese Erkenntnis umfaßt gleicherweise die Lehren aus der Geschichte wie die Erfahrung aus der sozialen und technologischen Entwicklung. Stets läßt sie die inneren Gesetzmäßigkeiten des Geschehens erkennen, wie unterschiedlich sich auch die jeweiligen Konstellationen im wechselnden Kaleidoskop des Lebens präsentieren. Das Wissen um Möglichkeiten und Begrenzungen, das Verstehen von Ursache und Wirkung sowie das Gespür für psychologische Zwänge spannt in der Führungsthematik den Rahmen aber weit über denjenigen des nur sektoralen Fachbuches hinaus.

Zwar mag der Krisenfall im Management, der sich durch plötzliches Ausscheiden des obersten Chefs ergeben kann, gemäß vorbedachter »Checkliste« angegangen werden. Aber es zeigt sich, daß Vorstellung und Wirklichkeit oft weit auseinander liegen. Deshalb tut solchenfalls die Besinnung auf das not, was das Leben unsichtbar zwischen die Zeilen der papierenen Anweisung geschrieben hat. Und nicht selten erweisen sich umrankende, blumige Marginalien oder geistige Fußnoten wichtiger als der »Gesetzes-Text« selbst. Denn auch hier gilt das Goethe-Wort: »Grau, teurer Freund, ist alle Theorie, und grün des Lebens goldner Baum«.

Einstimmung

1. Das Ereignis

Niemand hatte den Absturz des Flugzeugs überlebt. Auch der Firmenchef zählte zu den Toten. Die Nachricht hat schlagartig seinem altvertrauten Sekretär bewußtgemacht, daß der befürchtete Krisenfall eingetreten ist.

Der Hingeschiedene hatte zwar — wenn er zuweilen über Nachfolge sprach — ein solches Ereignis als »hypothetischen Fall« mit in Betracht gezogen. Nun aber war die Hypothese Wirklichkeit geworden, ohne daß auch nur eine einzige der erwogenen Fall-Lösungen realisierbar gewesen wäre. Denn eigenartigerweise hatte der Alte den Gedanken an den Tod doch grundsätzlich von sich gewiesen mit der unwiderlegbaren Begründung: »Vorläufig bin ich immer noch da!«, eine Erklärung, die er auch allen wohlgemeinten Ratschlägen seines Sekretärs und des Verwaltungsrates entgegengehalten hatte. So wollte er denn nie eine Regelung für den »Fall des Falles« treffen und eine solche schon gar nicht schriftlich festlegen. Und hin und wieder äußerte er sich in einem Anflug leichter Resignation: »Die sollen sich dann eben etwas einfallen lassen!«

Wer soll sich nun etwas einfallen lassen? fragt sich der Sekretär bekümmert. Wer kennt die firmeneigenen Thronanwärter gut genug, um daraus wirklich den Besten zu wählen? Und *was* soll man sich einfallen lassen; denn zugleich hatte sich der Verstorbene gelegentlich geäußert: »Da müßte einmal eine ganz neue Kraft her!«

Im Geiste läßt der Sekretarius die Papabili an sich vorbeiziehen: Den schwungvollen Marketingchef, den der Hingeschiedene ihm gegenüber aber oft vertraulich einen »Spring-ins-Feld« nannte; den überlegenen Leiter des Finanz-Bereichs, der im Gegensatz zum lieben Gott nicht nur alles, sondern alles besser weiß; den technischen Direktor, der innovativ und auf seinem Gebiet zwar eine Kapazität, aber im Umgang mit anderen ein hochexplosives Pulverfaß ist. Und schließlich den jungen Analytiker aus dem Führungsstab, welcher durch seine scharfsinnigen Vorschläge schon von sich reden machte, aber noch keine Front-Erfahrung aufweisen kann. Und wie er sich so den einen oder anderen Würdenträger auf dem verwaisten Chefsessel vorstellt, will ihm keine Lösung recht gefallen.

Doch, war da nicht im Zusammenhang mit der geplanten Firmen-Akquisition die Bemerkung gefallen, daß der Chef der zu übernehmenden Firma später auch das Gesamtunternehmen führen könnte? Hätte man mit der anvisierten Übernahme nicht auch schon das gesuchte Alphatier im eigenen Gehege? Wäre damit die Nachfolge bereits gelöst? Wie aber würden diesfalls die Alteingesessenen den Neuling an der Spitze akzeptieren? Wäre der Hauskrach damit programmiert? Nähme dann der hoffnungsvolle Aufsteiger seinen Hut? Fragen über Fragen, auf die zur Zeit keine schlüssige Antwort in Sicht ist.

Und wie des Meisters treuer Diener so sinniert und die Dinge im Geiste hin und her wendet, kommt ihm der zunächst zwar abwegige, bei längerem Überlegen aber immer realistischer erscheinende Gedanke, eine Zwischenlösung vorzuschlagen. Denn je mehr er die einzelnen Varianten gegeneinander abwägt, desto mehr fühlt er, daß sie alle — wenn sie etwas taugen sollen — nicht von heute auf morgen, sondern organisch eingeleitet werden müssen. Und aus seiner Erfahrung weiß er, daß dies in jedem Fall Zeit braucht. Doch hat er lange genug gelebt, um ebenfalls zu wissen, daß auch die einstweilige Überbrückung einer solch krisenhaften Phase sehr wohl bedacht sein muß, wenn deren Vorteile die Nachteile überwiegen sollen. In diesem Sinne nimmt er sich vor, der obersten Geschäftsleitung Kernfrage und Problematik eines Interims nach bestem Wissen und Gewissen aufzuzeigen.

2. Kernfrage des Interims

Fast ein wenig mystisch und geheimnisumwittert erscheint das Interim in der politischen und wirtschaftlichen Welt, wo sonst die Dinge möglichst transparent gemacht werden. Denn wiewohl der Ausdruck »Interim« vordergründig die Vorstellung einer zeitlichen Dauer erweckt und zu deutsch mit »einstweilig« wiedergegeben wird, ist es doch das schwer voraussehbare menschliche Handeln, welches diese »Zwischenzeit« prägt. Weil das Lateinische, dem das Wort »Interim« entstammt, für die Hauptperson dieser Zwischenzeit leider keinen hilfreichen Ausdruck bereithält und die deutsche Sprache nur einen Langweiler, nicht aber einen »Einstweiler« kennt, verursacht schon die begriffliche Umschreibung dieser entscheidenden Schlüsselfigur Kopfzerbrechen. Da sich jedoch — wie Mephistopheles im Faust den Schüler lehrt — ein Wort zur rechten Zeit einstellt, wo Begriffe fehlen, mag der Held des Dramas, der Manager auf Zeit, allgemeinverständlich als »Interimist« ins Schauspielerverzeichnis eingehen und auf der Bühne erscheinen.

Doch bedeutend schwieriger als der Begriff ist der Inhalt des Interims zu fassen. Denn zeitliches und menschliches Zusammenwirken führen im Interim zu stets wechselnden Konstellationen. Kein Fall liegt gleich wie der andere. Und doch sind in der Anlage und im Ablauf des Interims innere Gesetzmäßigkeiten zu erkennen, welchen sich die Akteure nicht entziehen können. Dabei mag der Zeitgeist, die Umwelt und die innere Verfassung der Handelnden unterschiedliche Auswirkungen haben. Doch zu allen Zeiten ist die Kernfrage des Interims dieselbe geblieben.

»Zwischenzeiten« zeigen nämlich, daß sachliche oder persönliche

Voraussetzungen für eine endgültige Lösung fehlen. Diese mag zwar in der Vorstellung bestehen, kann aber noch nicht verwirklicht werden. Das »Noch-Nicht« stellt sich der Zielsetzung in den Weg. Was aber ist der Grund, weshalb gekrönte Häupter, Kirchenfürsten, Diktatoren und allmächtige Wirtschaftsführer, gewohnt, ihre Lösungen für Zeit und Ewigkeit zu treffen, vor diesem »Noch-Nicht« kapitulieren und ein Interim verfügen? Warum wird der gordische Knoten schicksalhafter Verstrickung nicht einfach mit dem mutigen Schlag des Alexanderschwertes durchgetrennt?

Was mag Karl V, in dessen Reich die Sonne nie unterging, bewogen haben, statt seiner visionär-endgültigen Lösung nur eine vorläufige zu treffen? Weshalb hat dieser Monarch, welcher unter seiner »Weltregierung« geistige und politische Einheit anstrebte, im historisch berühmten »Interim« des Augsburger Reichstages der vorläufigen Duldung katholischer wie protestantischer Konfession zugestimmt? Ganz offensichtlich aus der Erkenntnis, daß zuweilen die Wirklichkeit stärker ist als der eigene Wille!

Auch in der Wirtschaft stehen die Verantwortlichen in solchem Spannungsfeld. Entscheidungen, welche der Sache wegen sofort und endgültig zu treffen wären, werden oft hinausgeschoben. Entweder warten die Machthaber, um eine ihnen besser zusagende Lösung herbeizuführen. Oder sie zaudern in der Hoffnung, die Zeit arbeite für sie. Oder aber sie wählen das Interim, weil ihnen zur echten Lösung die Vorstellung oder die Kraft fehlt.

Für gute Begründung ist gesorgt: Kommt Zeit, kommt Rat! Zwar ist ungewiß, welchen Rat und zu welcher Stunde die Zeit beschert. Obschon sich immer wieder zeigt, daß im Zeitablauf eine gestaltende Kraft liegen kann, arbeitet die Zeit aber nur für den, welcher mit ihr arbeitet. Deshalb narrt das Interim zuweilen denjenigen, der ohne eigenes Dazutun lediglich auf den Ablauf der Zeit baut. Interim hat eben den Schalk hinter ihm.

Doch weit mehr als nur vorläufig zu lösende Sachfragen ist es die einstweilige Führungsnachfolge, welche den Verantwortlichen zu denken gibt. Denn sie kann weltgeschichtliche Auswirkungen haben! Und weil über alle demokratischen und partnerschaftlichen Formierungen der Führungsspitze hinweg es doch einzelne, hervorragende Menschen sind, welche die Dinge bewegen, das menschliche Zusammenleben gestalten und der Entwicklung ihren Lauf geben, beschäftigt die Frage der Nachfolge die Geister stets von neuem. Staats-Verfassungen, Firmen-Reglemente und persönliche Vermächtnisse befassen sich deshalb immer wieder mit der Art und Weise, wie eine Führungsgeneration abzulösen ist. Verständlicherweise ist dabei stets vom »Normalfall« die Rede, für dessen planmäßige Abwicklung entsprechende Wegleitungen erteilt werden.

Dagegen wird die zeitliche Überbrückung eines Krisenfalls nur selten systematisch vorausbedacht, wenn auch bei wirtschaftlichen Planspielen etwa solche Ereignisse simuliert und zur allgemeinen Heiterkeit ein namenloser Vize-Direktor zum »Manipulier-Generalissimus« erhoben wird. Unvorhersehbare Krisenlagen ergeben sich jedoch nicht nur durch den plötzlichen Tod des obersten Machthabers, sondern auch im Zuge des umwälzenden strukturellen und technologischen Wandels der heutigen Zeit. Gerade in Phasen der Expansion und der Restrukturierung sowie bei Übernahmen oder Fusionen und im Erbschaftsfall der Familiengesellschaften stellt sich das Problem der richtigen Spitzenbesetzung nicht nur personell, sondern vor allem auch zeitlich.

In der Nominierung des neuen Spitzen-Mannes oder der künftigen Top-Frau tun sich die Führungsgremien oft schwer. Dies ist insofern verständlich, als Menschen in ihrer ganzen Komplexität viel schwerer zu beurteilen sind als die üblich anstehende Entscheidungsmaterie. Denn was ein neues Produkt bringt, was die Akquisition einträgt oder was bei einem joint venture finanziell herausschaut, ist mehr oder weniger zutreffend zu berechnen. Eine ungestörte Denkstunde mit einem Blatt Papier und einem spitzen Bleistift mag da schon wesentlich zur Klärung des Problems beitragen. Doch wie sind die in der menschlichen Natur liegenden Imponderabilien zu »gewichten«? Wie werden sich gewisse, beim jungen Menschen sich erst abzeichnende Charaktermerkmale im Älterwerden entwickeln? Werden die zunächst nur natürlichen Bedenken, daß »der Sohn nicht ist, was der Vater war« von allein verschwinden, wenn der Sohn erst einmal aus der Gravitation des Vaters herausgetreten ist und nach eigener Façon zeigen wird, was er kann?

Ist nun, so mag argumentiert werden, in solch neuralgischen Situationen eine »automatische« Nachfolgeregelung überhaupt wünschbar? Besteht nicht auch ein legitimes Bedürfnis, die wechselnde Lage, vor allem im Krisenfall, neu zu überdenken, um denjenigen auf den Schild zu heben, welcher unter den jeweiligen Umständen als Chef am geeignetsten erscheint? Die Frage, ob bei plötzlichem Machtwechsel eine zwischenzeitliche Lösung der beste Ausweg ist, kann somit auch in der Unternehmensführung entscheidend werden. Dabei gilt es, neben allen sich ohnehin bei jeder Nachfolgeregelung stellenden Fragen, zudem noch die Auswirkungen einer solchen »Zwischenzeit« besonders zu bedenken. Deshalb gibt es für die Beantwortung der Kernfrage über den Sinn eines Interims keine allgemeingültige Regel. Denn die Voraussetzungen, unter denen ein Interim angezeigt erscheinen mag, sind von Fall zu Fall verschieden.

Interimsfälle

1. Unmittelbare Nachfolge und Interregnum

Der englische König, Eduard VIII, nach seiner Abdankung als Duke of Windsor bekannt, erwähnt, wie tief es ihn bewegt hat, als ihm seine Mutter nach dem letzten Atemzug seines Vaters an dessen Totenbett die Hand geküßt hat: Ihm, welcher in diesem Augenblick König geworden war. »Le roi est mort, vive le roi!« Solche Unmittelbarkeit der Thronfolge, wie sie für die Erb-Monarchie charakteristisch ist, beruht letztlich auf der Vorstellung, daß die dem Monarchen verliehene göttliche Gnade durch das Blut weitergetragen wird. Die Thronfolge bestimmt sich demnach gemäß der Reihenfolge der Geburt und dem Grad der Verwandtschaft. Eine Vakanz kann somit gar nicht eintreten.

Wie immer der Übergang der Regierungsgewalt eines dynastischen, politischen oder wirtschaftlichen Monarchen gestaltet wird, ist es das unverrückbare Ziel, im Augenblick des Machtüberganges nach innen und außen keinerlei Zweifel an der Nachfolge aufkommen zu lassen. Deshalb wird in autoritären Regierungssystemen bei plötzlichem Tod des Machthabers die Vakanz von dem bereits »aufgebauten« Nachfolger unverzüglich besetzt. In diesem kritischen Zeitpunkt darf nichts dem Zufall überlassen bleiben. Deshalb wird diese Lage stets im voraus geregelt.

Damals, 1945, im Untergang des dritten Reiches, hat der von Hitler zum Reichspräsidenten ernannte Großadmiral Dönitz sofort nach Erhalt des Telegramms, in welchem ihm Göbbels und Bormann den Tod des Diktators gemeldet hatten, die Regierung des Deutschen Reiches für die letzten 20 Tage angetreten. Nur wenige Stunden nach der Ermordung von Präsident Kennedy wurde dem an seine Stelle tretenden Vizepräsidenten Johnson auf dem Flug von Dallas nach Washington durch Sarah Hughes der Eid auf die Verfassung abgenommen. Zwei Tage nach Breschnews Tod wählte das Zentralkomitee der KPdSU Jurij Vladimirovic Andropov zum neuen Generalsekretär der Partei. Ein Tag nach Tschernenkos Tod wurde Michail Gorbatschow vom Plenum des Zentralkomitees einmütig zum Generalsekretär gewählt.

Ob nun der Kronprinz durch die »Gnade Gottes«, die Verfassung oder die Weisheit des Polit-Büros als Nachfolger bestimmt ist, sind Zweifel an seiner Anwartschaft ausgeschlossen. Den Papabilis bleibt die bange Frage erspart, wer an der Reihe ist. Und die Umwelt braucht nicht zu rätseln, wer wohl auf den Schild gehoben wird. Bei dieser institutionalisierten Nachfolge ergibt sich somit überhaupt keine Lücke, welche eine interimistische Lösung notwendig machen würde.

Demgegenüber tritt in der Wahlmonarchie, welcher gewisse heutige Unternehmen ähneln, nach dem Tod, der Abdankung oder Absetzung des alten Herrschers zwangsläufig ein Unterbruch in der Regierungsfolge ein. Diese Zwischenzeit dauert, bis der neue Regent durch einen Wahlvorgang die Krone erlangt. Das Interim kann dadurch allenfalls zu einem Dauerzustand werden.

In diesem Sinne ist die »kaiserlose Zeit« (1254 - 1273) in die deutsche Geschichte eingegangen. Bei der deutschen Wahl-Monarchie trat nämlich von Rechts wegen eine »unregelmäßige« Regierung, ein Interregnum, zwischen zwei durch die Wahl zustande gekommene Regierungen. Allerdings waren im voraus die möglichen Fälle geregelt, in welchen ein Interregnum Platz zu greifen hatte. Auch wurden die allenfalls zwischenzeitlich regierenden Reichsvikare oder Reichsverweser zum voraus bestimmt. Ebenso war die Prozedur zur Wahl des Nachfolgers festgelegt. Das Interregnum der Wahlmonarchie war somit ein im voraus in allen Belangen geordnetes Interim.

Doch stand auch in der Wahlmonarchie bei der Besetzung des Interregnums und der Wahl des künftigen Herrschers trotz dem ordnenden Gesetz der Einfluß der Mächtigen oft im Gegensatz zu den Interessen des Reiches. Ein solcher Konflikt soll übrigens bei der Wiederbesetzung von Spitzenpositionen auch in Wirtschaftsimperien nicht ganz außergewöhnlich sein.

Denn auch im Leben der Unternehmung treten wie in der politischen Meteorologie zuweilen gewisse »Staulagen« ein. Nicht selten kommt es vor, daß die »Erneuerung an Haupt und Gliedern« schon längst fällig wäre, aber durch die »noch« unangetastete Autorität des Familienoberhauptes oder des Firmenchefs unterblieben ist. Denn solche Respektspersonen haben ihre Stellung einerseits durch ihre Verdienste und andererseits durch die Besetzung der Schlüsselpositionen mit ihren Günstlingen derart befestigt, daß zu ihren Lebzeiten kaum gegen sie aufzukommen ist. Erst der Tod oder der Rücktritt des Machthabers öffnet die Schleusen.

Auf der politischen Bühne illustriert z.B. die der Breschnew-Ära folgende Gorbatschow'sche Perestroika, die dem Tod des Vorgängers folgende Umwertung. Dabei zeigt die totale Infragestellung des Bestehenden durch die oft ebenso uneinigen wie ratlosen Königsmacher die im Krisenfall häufige Unsicherheit.

Auch in den Wirtschafts-Reichen wird nach dem Tode des Herrschers die Erneuerung meistens nicht zwangsläufig einem bereits in Wartestellung befindlichen Nachfolger überlassen. Dessen Person und dessen künftige Regierungskonzeption bilden oft Ge-

25

genstand längerer Auseinandersetzung. Denn auch im Unternehmen ist dies der Augenblick, wo verschiedene Interessen, sei es z.B. von der Kapitalseite oder von der Führungsmannschaft, aufeinanderstoßen. Nicht selten sind es die von außen herbeigerufenen Unternehmensberater, welche dann mit ihrer Vergangenheitskritik dem bisher Unfehlbaren auf ihre Art die Totenglocken läuten. Bei einer derartigen, manchmal äußerst hartnäckig geführten Ausmarchung mag eine **vorläufige** Lösung, ein Interim, die einzige sinnvolle Lösung sein, wie sie zuweilen in Familien-Unternehmen mit einer »Prinzregentschaft« angestrebt wird.

2. Prinzregentschaften

In der Familiengesellschaft kann — wie in der Monarchie — die kontinuierliche Folge der Geschlechter einen Vorteil gegenüber dem Berufungs-System anonymer Gesellschaften bedeuten. Allerdings bedarf das in einem noch nicht regierungsfähigen Thronfolger liegende Risiko einer Absicherung. Während in der Erb-Monarchie der Prinzregent bis zur Krönung des legitimen Nachfolgers interimistisch dessen Obliegenheiten erfüllt, übernimmt in der Familiengesellschaft ein älteres Familienmitglied oder ein von außen berufener »Reichsverweser« diese Funktion.

Zwar mag die Art und Weise, wie der Prinzregent seine Vollmachten ausüben wird, eine gewisse Unsicherheit auslösen. Wird er selbstherrlich regieren oder sorgsam auf die Interessen des Thronfolgers bedacht sein? Ebenso ungewiß ist, ob der Kronprinz seine Krönung jemals erleben wird. »Ein Königreich für Mrs. Simpson!« war der Preis, den der englische König durch den Thronverzicht im Jahre 1936 für seine Heirat zu zahlen bereit war.

Die aus der Geschichte bekannten Prinzregentschaften waren keineswegs problemlos. Weder verwalteten die Prinzregenten das Erbe ihrer Mündel stets als ehrenwerte Treuhänder, noch warteten die Kronprinzen immer geduldig auf ihre Volljährigkeit zur Thronbesteigung. Auch waren Interimszeiten in den Dynastien oft gekennzeichnet durch sich bekämpfende Interessengruppen, wie das gelegentlich auch in Privatgesellschaften vorkommen soll, mit Parteinahme für den Thronprätendenten oder den Prinzregenten. Nicht selten war ein Interim sogar Anlaß zu Mord und Totschlag. So schildert Mörike in seiner Ballade den Grundkonflikt zwischen dem legitimen Thronfolger und dem interimistisch regierenden

Vormund: »Der meuchelte sein Bruderkind, wollte selbst die Krone tragen.« Nicht weniger dramatisch war die Auseinandersetzung zwischen Kaiser Albrecht und seinem Neffen Johann von Böhmen, welcher den Kaiser bei Königsfelden erstochen hat, nachdem dieser ihm sein rechtmäßiges Erbe angeblilch mit der zynischen Bemerkung vorenthalten hatte, der Jugend gebühre der Kranz, nicht die Krone!

Die dem Treuhänder gebotene »Sorgfalt wie in eigener Sache« läßt diesen zuweilen vergessen, daß die ihm anvertraute Sache nicht seine eigene, sondern eben die eines andern ist. Die Versuchung ist groß, sich mit der interimistischen Rolle im falschen Sinne zu identifizieren und sich in die nur treuhänderisch auszuübende Funktion zu verlieben. Oft ist es dann von der selbstherrlichen Regierungsführung des Prinzregenten bis zu dessen Usurpation nur ein kleiner Schritt. Auch im Interim bedarf Treuhänderschaft der Aufsicht, wenn sie nicht korrumpieren soll. Indessen ist die besitzergreifende Identifikation des Prinzregenten mit seinem Amte nicht immer selbstsüchtiger Art. Oft ist der Vormund von seiner Aufgabe geradezu besessen. Indem er sich aber seiner Mission unbegrenzt verschreibt, gleicht die Pflichterfüllung zuweilen einer Zwangsvorstellung, hinter welcher dann das Bewußtsein zurücktritt, daß er für einen anderen regiert.

Dieser Fall, wo nicht nur Egoismus das prinzregentschaftliche Verhalten diktiert, sondern auch tief empfundene Schuldigkeit dem Staate wie der königlichen Familie gegenüber, ist am Beispiel der französischen Königin Katharina di Medici (1547 - 1589) als spektakuläre Analogie zu ähnlich gelagerten Konstellationen der Unternehmenswelt in die Geschichte eingegangen. Als Königin-Mutter, welche mit allen Mitteln das Königtum stärken und dem Geschlecht Valois die Regierung sichern wollte, hat Katharina di Medici auch außerhalb der dynastischen Welt mancher »Königin-

Mutter«, die mit Zähigkeit und Ausdauer für ihr Unternehmen und ihre Kinder kämpft, ein Denkmal gesetzt. Ihre stärkste Herrschaftsgrundlage waren — wie für andere Königin-Mütter! — ihre Kinder. So hat sie durch ihre Söhne und Töchter das Fundament ihrer künftigen unmittelbaren oder stellvertretenden Regentschaft begründet. Darin hat sie ihre Freude am Regieren ausgelebt.

Die erste Bedrohung ihres Einflusses ergab sich mit dem Tode ihres Gemahls Heinrich II, als die beiden blutmäßig legitimierten Bourbonen-Prinzen die Erziehung des noch minderjährigen Thronfolgers, Franz II, übernehmen wollten. Mit List sandte sie beide ausser Landes. Die sechs Monate bis zur Volljährigkeit ihres Sohnes überbrückte sie an dessen Seite mit einer ausgedehnten Jagdpartie des ganzen Hofes durch das Land. Und da Franz II geistig wie körperlich leidend war, änderte Katharinas Machtausübung auch mit seiner Thronbesteigung nichts. Bezeichnenderweise erließ der neue König sofort die Verfügung, daß alle Staatsdokumente den Ingreß tragen sollten: »In Übereinkunft mit der Königin-Mutter und entsprechend ihrem Rat und in meinem Einverständnis geruhe ich zu befehlen . . . «.

Als es mit Franz II, einem kränklichen König, zu Ende ging, war wiederum Katharinas erste Sorge, den rechtlich zuständigen Bourbonen an der Prinzregentschaft für ihren noch minderjährigen Sohn, Karl IX, zu hindern. Auch nach der Krönung dieses Sohnes übte sie ihre persönliche Regentschaft uneingeschränkt aus, zumal auch dieser König geistig und körperlich behindert war. »C'etait elle, qui faisait tout, et le Roy ne tournait pas un oeuf qu'elle n'en fût avertie« (Pierre de l'Etoile).

Nach dem ebenfalls frühen Tod dieses zweiten Sohnes rief sie den inzwischen zum König von Polen gekrönten dritten Sohn Henry III nach Frankreich zurück. Sie war entschlossen, aus diesem lebenslustigen Sohn einen Staatsmann zu machen, weshalb sie darauf bestand, jeden Morgen mit ihm die Staatsakten zu studieren (Williamson/Joseph). Doch wie in der griechischen Tragödie endete ihr Leben, das sie ihrem »Familien-Unternehmen«, dem französischen Königtum, geopfert hatte, mit der Zerstörung ihres Werkes durch eben diesen Lieblingssohn. Er war es, der durch den unbedachten Mord eines ihm gefährlich scheinenden Rivalen sein eigenes und damit das Ende des Hauses Valois heraufbeschworen hat.

Die Geschichtsschreiber lassen offen, ob Katharinas protegierende Machtentfaltung zugunsten ihrer Kinder die Folge oder die Ursache deren Kränklichkeit war. Fast scheint es, daß die Söhne unter der Dominanz ihrer Mutter verkümmert sind. Die als zeitweiliger Schutz gedachte interimistische Prinzregentschaft kann somit auch zur geistigen Fessel werden, von der sich der Thronfolger später nicht mehr zu lösen vermag. Nicht jeder Kronprinz ist so rücksichtslos wie Kaiser Wilhelm II, der unmittelbar nach seiner Krönung die eigene Mutter, im Verdacht, sie sei eine englische Agentin (!), überwachen ließ. Oft sind das gemeinsame Blut und der einer Mutter geschuldete Respekt stärker als der Rechtstitel, welcher dem Regenten volle Handlungsfreiheit gibt.

Ist im Wirtschafts-Unternehmen ein noch minderjähriger »Familien-Prinz« zum Nachfolger ausersehen, dauert die Prinzregentschaft in der Regel, bis seine Ausbildung und Praxis als Vorbereitung für die Spitzenposition beendet sind. Nicht selten heißt es aber auch in Selbstbiographien: »Wegen des plötzlichen Todes meines Vaters mußte ich mein Studium abbrechen und sofort die ganze unternehmerische Verantwortung übernehmen«. Diesfalls geht es also auch ohne Interim. Je komplexer aber die Führungsaufgaben werden, desto notwendiger scheint eine breit und tief angelegte Ausbildung und das Erlebnis von Chancen und Risiken. Die hiezu notwendige Zwischenzeit bedingt dann eben ein Interim. Damit stellt sich für die Familie die Frage, ob »der stets hilfreiche Onkel« oder ein von aussen berufener professioneller Manager interimistisch die Lücke überbrücken soll.

Wird nach einem Berufs-Manager Ausschau gehalten, sollte dieser zwar Erfahrung, Sachkompetenz und Einfühlungsvermögen mitbringen, jedoch vom Schauplatz abtreten, wenn der Prinz »krönungsreif« ist. Der Vorzug solcher Konstellation liegt vor allem in der zeitlichen Präzisierung des interimistischen Managements. Allerdings mag in dieser Zwischenzeit der von außen gerufene »Prinzregent« seine Interim-Kompetenz unterschiedlich »handhaben«. Während der selbstlose Sachwalter das Haus des Prinzen bestens zu bestellen und dem Prinzen den Weg zu ebnen sucht, handelt ein anderer eigennützig, indem er als Kenner der Lage die Dinge in die ihm persönlich zuträgliche Richtung lenkt. Vielleicht versteht er es sogar — schlimmstenfalls in Absprache mit Übernahme-Interessenten — durch seine entsprechende Geschäftsführung den Eigentümern ihr Unternehmen zu verleiden, so daß sich auch der Kronprinz mit Grausen davon abwendet. Nach einem Verkauf oder einer Übernahme mag dieser dann zu seinem Ärger feststellen, was er aus seiner Firma hätte machen können.

Auch bei einem Familienmitglied, welches nach dem plötzlichen Ausfall des Firmen- und meist auch Familienoberhauptes in die Unternehmensführung einspringt, ist eine verbindliche Terminierung seiner interimistischen Tätigkeit anzustreben. Denn die Erfahrung zeigt, daß der Geschäfts-Teilhaber aus der Familie, welcher bisher dem Unternehmen fern gestanden oder vom Verstorbenen absichtlich, vielleicht sogar mit gutem Grunde, aus der Geschäftsführung herausgehalten worden war, nunmehr wider Erwarten

Freude an dieser Aufgabe bekommt. Plötzlich glaubt er zu erkennen, was er verpaßt hat oder was ihm vermeintlich vorenthalten worden ist. Deshalb zögert er nicht, nunmehr seinen Nachholbedarf ausgiebig zu decken. Dann steht der subjektive Machthunger des Prinzregenten den verbrieften Rechten des Prinzen in fataler Weise gegenüber. Und damit beginnt der Streit um die Krone, welcher schon manches wirtschaftliche Königreich in seinen Grundfesten erschüttert hat.

Ein solcher Machtkampf hat sich im bekannten deutschen Markenartikel-Unternehmen »Underberg« von 1958 - 1975 nach dem Tode des Firmen-Chefs Emil Underberg sen. zugetragen, der die Firma zwar in einer Patt-Situation mit seinem Bruder, tatsächlich jedoch kraft seiner Persönlichkeit mehr oder weniger allein geführt hatte. Dabei stand ihm seine Gattin, Margarethe Underberg, in einer hierarchisch unscheinbaren, tatsächlich jedoch bedeutenden Beratungs-Position zur Seite, indem sie als verantwortliche Geheimnisträgerin der Kräutermischung zur Herstellung des Underberg-Kräuterdigestifs wirkte. Als wenige Stunden nach dem Tode ihres Gemahls dessen Bruder Carl Underberg sich anschickte, die Todesanzeige als »alleiniger, persönlich haftender Gesellschafter der Firma Underberg« zu unterzeichnen, sah sich die Witwe bereits in der Verteidigung des ihr und ihren Kindern zufallenden Erbes. Da ihr Schwager in der Folge zwar nach außen ein großes Selbstdarstellungsbedürfnis zeigte, die Unternehmensführung jedoch nicht wahrnahm, führte sie diesen Kampf gewissermaßen als Firmen-Chefin in enger Absprache mit ihrem damals noch nicht 20jährigen Sohn Emil, wobei sie diesen drängte möglichst schnell in die Geschäftsleitung einzutreten.

Als aber während der mütterlichen Prinzregentschaft die Saat des verstorbenen Gatten, Emil Underberg, im Markt reiche Früchte trug, entwickelte Frau Margarethe als »Königin-Mutter« ein derartiges Selbstgefühl, daß sie den Sohn weder mehr als Berater beizog noch ihm die ihm gemäß väterlichem Testament zukommende Nachfolgeposition freigab. Da ein Ende der mütterlichen Prinzregentschaft nicht abzusehen war, verständigte sich der Sohn mit dem Onkel, der sich dann mit dem Eintritt von Emil Underberg in die Geschäftsführung einverstanden erklärte. Denn die Mutter hatte das Einverständnis des Onkels zur Bedingung gemacht, in der Hoffnung, diese Zustimmung werde ohnehin nicht erfolgen. Für dieses Zugeständnis verlangte der Onkel allerdings die gleichzeitige Aufnahme seines eigenen Sohnes Karl-Hubertus in die Geschäftsführung.

Um ihre Prinzregentschaft dennoch fortzuführen, eröffnete die Mutter gegen den Sohn, dessen Selbständigkeitsstreben sie als Rebellion betrachtete, mehrere Prozesse wegen angeblicher Verletzung gesellschaftsrechtlicher Bestimmungen. Mangels ausreichender Mittel verzichtete der Sohn, das zu Gunsten der Mutter lautende Gerichtsurteil weiterzuziehen, in der Hoffnung, durch moralischen Druck auf die Mutter schließlich sein Recht zu finden.

Erst die Macht der Fakten brachte die Wende, nachdem die Mutter durch ein mißglücktes finanzielles Engagement eine ihr persönlich gehörende Firma überschuldet hatte. Bei dieser Sachlage ging der Sohn das Wagnis ein, gegenüber den Gläubigern die gesamten Schulden zu übernehmen, die Mutter unter Zusicherung einer lebenslänglichen Rente vor dem Konkurs zu retten und die Geschwister abzufinden. Erst jetzt hatte der rechtmäßige Nachfolger die Hände frei, um in der Firma eine personelle Flurbereinigung durchzuführen und sich nach dem Tode seines Onkels mit seinem Vetter auseinanderzusetzen. Wenn auch unter größten persönlichen Opfern hatte er dann damit das alleinige Sagen: Die Voraussetzung des künftigen Erfolgs.

Im Falle Underberg hat sich somit der Thronanwärter trotz dominanter Prinzregentschaft der Mutter durchgesetzt. Emil Underberg selbst schreibt dies der Tatsache zu, daß er im Kriege geboren wurde und deshalb entgegen dem oft üblichen Lebensstil reicher Söhne Entbehrung, Härte und Gefahr gewohnt war. Zum zweiten nennt er das ihm vom Vater eingeprägte Selbstvertrauen. Und schließlich ist er durch die erlittenen Demütigungen zur Erkenntnis gelangt, sich nicht auf das persönliche Gerechtigkeitsgefühl, sondern nur auf die Sache auszurichten.

Die Beispiele der Prinzregentenschaft lassen erkennen, daß das Interim für den Kronprinz wahrscheinlich die härteste Phase seines Lebens, zugleich aber auch seine entscheidende Bewährungsprobe ist. Dabei gilt diese Erkenntnis nicht nur für den Kronprinz in der Dynastie und in der Familiengesellschaft, sondern für jedwelchen Thronanwärter. Denn obschon dieser noch keine Regierungsverantwortung trägt, werden in der Öffentlichkeit sein Selbstbehauptungsvermögen und seine Durchsetzungsfähigkeit kritisch betrachtet. Zweifellos stellt die Emanzipation aus der Bevormundung auch noch so wohlmeinender Regentschaft hohe menschliche Anforderungen. Pietät und Sachverstand mögen dabei oft in Konflikt geraten und die Beteiligten bis an die Grenzen ihrer moralischen Tragfähigkeit führen. Doch gilt auch hier das Nietzsche-Wort: Was mich nicht umbringt, macht mich stärker.

Den konfliktgeladenen Prinzregentschaften stehen aber ebenso viele Beispiele vorbildlicher Treuhänder gegenüber, welche die Sache des Kronprinzen mit größter Gewissenhaftigkeit erfolgreich vertreten haben. Dies wurde in der Schweiz im Falle des weltweiten Zement-Multis »Holderbank« (Weltumsatz 1987 3'687 Mio. SFr.) eindrücklich unter Beweis gestellt, als sich dessen Eigentümer Ernst Schmidheiny Anfang der 70er Jahre gesundheitsbedingt aus dem aktiven Geschäftsleben zurückziehen mußte.

Wie es diese große Schweizer Industriellen-Familie Schmidheiny über vier Generationen immer wieder beispielhaft verstanden hat, die Unternehmensnachfolge mit Weitsicht zu planen, erfolgte auch diesfalls kein »Kurzschluß«. Vielmehr wurde zunächst mangels männlicher Nachkommen von Ernst Schmidheiny ein Übergang des Eigentums und der obersten Führungsverantwortung an den Bruder Max Schmidheiny vollzogen, dessen Sohn Thomas, als Kronprinz, zu jener Zeit noch in schulischer Ausbildung war und sich erst auf seine Aufgabe entsprechend vorbereiten wollte.

In diesem »Krisenfall« betraute Max Schmidheiny vorerst seinen Stabschef, Erwin Mächler, mit der Konzernleitung, jedoch ausdrücklich nur für ein Interim. Der für die Führung der »Holderbank« auserwählte Thomas Schmidheiny war während Mächlers Interim dessen Assistent und arbeitete danach, um sich mit seinem Metier auch von der Praxis her vertraut zu machen, erfolgreich in Linie und Stab bei in- und ausländischen Zementwerken des Konzerns.

Vom einstigen Lehrmeister Mächler ist dann nach Abschluß von Thomas' Ausbildungszeit der Vorsitz der Konzernleitung wie vorgesehen an diesen übergegangen, wobei Mächler weiterhin Mitglied dieses Führungsgremiums geblieben ist. Ein derartiger Rollentausch erfordert allerdings vom Interims-Chef als Prinzregent-Lehrmeister persönliche Größe, Einsicht und Verständnis für derart ausgeprägte Familienbelange, wie diesfalls auch der Kronprinz die ihm zukommende Rolle ebenso taktvoll wie kompetent übernommen hat.

Die Einrichtung der Prinzregentschaft, womit eine einstweilige Regierungsunfähigkeit des designierten Nachfolgers überbrückt wird, hat somit viele Facetten. Auch hier zeigt sich, daß die Institution an sich noch keine Ideallösung verbürgt. Der Prinzregent einerseits und der Kronprinz anderseits machen die Prinzregentschaft zu dem, was sie ist, wobei gut und schlecht nahe beieinander liegen. Auch in diesem Krisenfall sind es die Menschen, die den Ausschlag geben.

3. Kommandant ad interim

Im Kriege ist der Krisenfall meist der Normalfall. Im Gegensatz zum Konzern-Herrn, welcher geneigt ist, den Gedanken an den Tod als eine seiner Ordnung zuwiderlaufende Vorstellung unwillig von sich zu weisen, lebt der General wie der Soldat mit dem Tode auf vertrautem Fuß. »Gestern noch auf stolzen Rossen, heute durch die Brust geschossen, morgen in das kühle Grab«, heißt es in »Reiters Morgengesang« von Wilhelm Hauff, und unzählige Soldatenlieder besingen den schnellen Wechsel vom Leben zum Tod.

Der Tod ist im Kriege überall gegenwärtig und dementsprechend stets in Betracht zu ziehen. Dies gilt für die Führer aller Stufen. Denn diese sind pflichtgemäß in ihrer Aufgabe am meisten gefährdet, weil sie besonders exponiert sind und sich zwangsläufig dort aufhalten, wo es am bedrohlichsten zugeht. Deshalb ist erfahrungsgemäß die Verlustquote an Offizieren verhältnismäßig höher als diejenige der Truppe. Somit liegt es in der Natur der militärischen Organisation, alles dem Zufall zu entreißen, was ihm entrissen werden kann. Das Kriegsglück sorgt ohnehin für genügend Überraschungen. Fehler werden meist mit Blut bezahlt.

Deshalb bedingt die Nachfolge insbesondere beim plötzlichen Tode des Kommandanten eine klare Regelung. Da eine Führungsvakanz in einer Organisation, wo es um Leben und Tod gehen kann, untragbar wäre und eine sofortige Schließung der Lücke verlangt, ist der »Kommandant ad interim« in der militärischen Welt weder eine Seltenheit noch gar die Folge ungenügender Nachfolgeplanung. Im Kriege, wo der Ausfall des Kommandanten sehr oft vorkommt, bedarf es somit einer institutionalisierten Ordnung für das »Kommando ad interim«.

Zwar schiene es nahezuliegen, daß bei Ausfall des Kommandanten die Befehlsgewalt immer auf dessen Stellvertreter, den dienstältesten Unterstellten, übergehen würde. Einen solchen Automatismus kennen indessen die militärischen Regelungen mit gutem Grunde nicht. In der deutschen Bundeswehr z.B., wo der Kriegserfahrung wie der Komplexität des im Kampf stehenden Waffen-Verbundes gleicherweise Rechnung getragen wird, gilt zwar auch der Grundsatz, daß nach dem Kommandanten dessen »feststehender« Stellvertreter und nach diesem der ranghöchste Offizier bzw. unter mehreren gleichrangigen Offizieren der Dienstälteste Truppenführer wird. Dabei wird allerdings der ranghöchste Offizier dann übergangen, wenn er in einer sogenannten »Sonderlaufbahn« (z.B. technische oder Sanitätslaufbahn) seinen Grad erreicht hat. Der Interimist muß eben als Führer der Truppe geeignet sein. Diese Eignung wird allgemein nur den sogenannten »Kämpfern«, d.h. denjenigen zuerkannt, die nicht Angehörige einer Sonderlaufbahn, sondern einer »kombattanten« Truppengattung sind.

Dieser Grundsatz kommt jedoch nur selten zum Zuge. Denn er wird durch jenen anderen Grundsatz verdrängt, wonach ein Interim jeweils vor Beginn der Kampfhandlung für jede Einheit im Einsatzbefehl zu regeln ist. Dies soll der ungleichen Problematik der verschiedenartigen Einheiten Rechnung tragen, vor allem der Eigenart der Sondereinheiten einer modernen Armee. Bei einer solchen Sondereinheit kann es umgekehrt durchaus naheliegen, den Angehörigen der einschlägigen Sonderlaufbahn zum Interims-Kommandanten zu machen, weil dort weniger der Führer als vielmehr der Spezialist gefragt ist.

Indessen sind diese beiden eher pragmatisch angewandten Grundsätze nicht als unumstößliche Regeln allgemeingültig kodifiziert. Sie bilden aber gewissermaßen die Quintessenz aus den für die verschiedenen Waffengattungen und Einheitstypen der Bundeswehr getroffenen Dienstvorschriften. Wesentlich ist jedenfalls das Kriterium der Eignung, das übrigens auch in wirtschaftlichen Unternehmungen nicht ungestraft außer acht gelassen wird!

Auch in der Schweizer Armee wird am Prinzip festgehalten, wonach zwar der Dienstälteste als Platzhalter fungiert, jedoch für das zu besetzende Kommando der am besten Vorbereitete ad interim eintreten soll. Als solcher gilt derjenige, welcher schon für die höhere Charge ausgebildet oder dafür vorgesehen ist. Die interimistische militärische Kommando-Übernahme setzt hier somit die Erfüllung der klar umschriebenen Beförderungsbedingungen voraus. So sieht die entsprechende Verordnung für die Übertragung des Kommandos ad interim vor:
- »Hat ein Offizier einen niedrigeren Grad als den, der für das Kommando oder die Funktion vorgesehen ist, oder besteht ein Grund, ihm das Kommando oder die Funktion nur vorübergehend zu übertragen, wird er ad interim eingesetzt.
- Das Kommando oder die Funktion ad interim wird in der Regel einem Offizier übertragen, der entweder mit der Weiterausbildung zum höheren Grad bereits begonnen hat oder dafür in Aussicht genommen ist.
- Wem ein Kommando oder eine Funktion ad interim übertragen wird, erhält dadurch keinen Anspruch auf endgültige Übertragung oder auf Einberufung zum Beförderungsdienst.
- Im Armeestab werden Kommandos oder Funktionen nicht ad interim übertragen.«

Wesentlich ist auch hier die Klarheit der Interims-Ordnung, wobei allerdings hinsichtlich der Person die gebührenden Vorbehalte (begonnene oder in Aussicht genommene Ausbildung!) gemacht werden. Ebenso wichtig scheint die Aussage, daß die interimistische Ausübung des Kommandos keinen Anspruch auf die endgültige

Übertragung desselben gibt. Jedenfalls kann der Kommandant ad interim, wie auch seine Untergebenen, die künftige Ordnung der Befehlsgewalt zutreffend abschätzen. Die sonst im Interim oft schwer vermeidbare Unsicherheit mit entsprechenden Spekulationen kommt somit im militärischen Bereich gar nicht auf.

Eine »einstweilige Kommando-Regelung«, wie die Ernennung »ad interim« im militärischen Sprachgebrauch zutreffend übersetzt wird, mag sich allenfalls über mehrere Jahre erstrecken, wenn der Kommando-Inhaber aus besonderen Gründen die erforderlichen Beförderungsdienste nicht leisten kann. Unter Umständen kann der Fall eintreten, wo ein Kommandant überhaupt nur ad interim führt, weil es ihm nicht möglich ist, alle Beförderungsbedingungen zu erfüllen. Solchenfalls bleibt zwar das Ende des militärischen Interims ungewiß. Doch ist deshalb der militärische Kommandant weder in seiner Durchsetzungskraft noch in seinem Ansehen auch nur im geringsten benachteiligt. Im Gegenteil: Die Kommandoübernahme »ad interim« macht in der militärischen Welt vielmehr deutlich, daß der Interimist offensichtlich als Persönlichkeit der starke Mann ist, dem von seinen Vorgesetzten sogar auch ohne vorausgegangene Beförderungsdienste die Führungsfähigkeit schon zuerkannt wird.

Zwar mögen solche militärischen Beförderungsordnungen zuweilen als formalistisch belächelt werden. Doch haben sie der Wirtschaft die bessere Logik der Beförderungsprozedur voraus: Erst nach bestandener Bewährung folgt im Militär die stufengemäße Ausbildung, worauf dann der entsprechende Grad mit der Kommando-Übertragung verliehen wird. Demgegenüber scheint die Wirtschaft zuweilen den umgekehrten Weg zu beschreiten, indem der Beförderte zuerst mit dem Titel dekoriert wird, in der Meinung, daß der Träger dadurch zur Ausbildung würdig werde, und in der Hoffnung, daß sich mit dem Amt auch noch der Verstand einstelle.

Aber noch durch einen anderen, über allen Reglementierungen stehenden Grundsatz wird in der militärischen Welt für den Krisenfall im Kommando eine überzeugende Interims-Lösung getroffen: »In unklaren Lagen macht sich der Tüchtigste selbst zum Führer!« Darin liegt die große Chance eines »Retters in der Not«, wie sie im zivilen Bereich in Form eines solchen Freipasses nur ausnahmsweise möglich ist. Als solche Ausnahme gibt sich z. B. der profilierte Topmanager, SMH-Direktor Thomke, Spitzenmanager der Schweizerischen Uhren-Industrie, zu erkennen, der in dieser krisengeschüttelten Branche »hemdsärmlig und ohne Rücksicht auf jahrzehntealte Tabus und unter Verzicht auf verbindliche Umgangsformen« (Spiegel) zusammen mit Nikolaus Hayek durch Lancierung und Vermarktung der SWATCH den Wiederaufschwung zustande gebracht hat: »Auf Kompetenzen wartet man nicht, Kompetenzen holt man sich!«

Dieser »Tüchtigste«, welcher in der Armee unbesehen seines Grades kraft seiner Persönlichkeit, seines Charismas und seines militärischen Könnens das Kommando von sich aus übernimmt, ist dabei keineswegs vom Ruch des Usurpators umwittert. Ihm winkt vielmehr, wenn sein Einsatz gelingt, hohe Auszeichnung, vielleicht sogar der »pour le mérite«. Im Roman »Die Cain war ihr Schicksal« wird von Herman Wouk lebensnah ausgeführt, wie der Erste Offizier, welcher in stürmisch tobender See anstelle des völlig hilflosen Kapitäns die Befehlsgewalt über das führerlose Schiff ergreift, hernach durch das Kriegsgericht von der Schuld der Meuterei freigesprochen wird. Diese somit sanktionierte Selbstermächtigung, diese zum voraus erteilte Absolution für »Amtsanmaßung«, entspricht wohl der uralten Erfahrung, daß es in Krisenzeiten zunächst einmal einer echten Persönlichkeit bedarf, um das Steuer zu führen. Daher: Dem Tüchtigen freie Bahn!

4. Interim im Krisenfall des Managements

Weshalb, so mag man sich fragen, wird in den wirtschaftlichen Unternehmungen, wo ebenfalls Großes auf dem Spiele steht, nicht in ähnlicher Weise für den Krisenfall Vorsorge getroffen? Wo liegt in einem gut geführten Unternehmen überhaupt die Rechtfertigung eines Interims? Ist die Interimslösung der Beweis vorausgegangener Unterlassung? Widerspricht ein Interim nicht geradezu der Vorstellung langfristiger Planung? Warum wird das Unsicherheitsrisiko der Führungsablösung nicht zum voraus durch Bestimmung des Nachfolgers ausgeschaltet?

In der Tat fehlt es an Anleitungen zur unmittelbaren Stab-Übergabe von der einen auf die andere Führungsgeneration nicht. Es mangelt auch nicht an entsprechenden Absichtserklärungen der Unternehmensführer, wobei hier — wie so oft — der Weg zur Hölle mit guten Vorsätzen gepflastert ist. So wird behauptet, daß in einer wohlorganisierten Firma bei plötzlichem Abgang des obersten Chefs lediglich zuunterst (wohlverstanden nicht zuoberst!) ein neuer Lehrling angestellt werden müsse, indem bei richtiger Nachwuchsplanung dann von Stufe zu Stufe für den aufrückenden Vorgesetzten dessen Unterstellter den freigewordenen Stuhl besetzt. Diese naive Vorstellung läßt außer acht, daß in einem solchen automatischen Beförderungsschub einerseits die bestehende, meist wohlbedachte personelle Konstellation unter Umständen aus dem Gleichgewicht gerät und andererseits das ganze komplizierte Beziehungsnetz Schaden leidet.

Diese Problematik personeller Interdependenz zeigt sich schon auf der obersten Stufe im Verhältnis Chef/Stellvertreter. Somit könnte beim plötzlichen Ausfall des einen oder des anderen ein zwangsläufiges Nachrückungsrecht die notwendige Harmonie zerstören. Dies nicht nur wegen der notwendigen charakterlichen Abstimmung dieses Tandems, sondern auch im Hinblick auf Talent und Können beider Exponenten. Wenn dem Chef bisher vielleicht für seine Vertretung der ihm am geeignetsten scheinende Bereichsleiter genügt hat, so mag dieser als Unternehmens-Führer nicht ausreichen. Ist aber ein vollamtlicher Stellvertreter (deputy) vorhanden, mag dieser dank seinem Gesamtüberblick die Chef-Vakanz zwar kompetent ausfüllen, ohne deswegen als Nachfolger prädestiniert zu sein. Denn seine Berufung zum ressortlosen Stellvertreter war im wesentlichen doch von der persönlichen Einschätzung und Bedürfnislage des Chefs gezeichnet.

Erfahrungsgemäß reagieren nämlich musische Führer und streng logische Denker in der Auswahl ihres »zweiten Mannes« gegensätzlich: Der phantasievolle Chef wäre aus seines Herzens Grunde geneigt, wiederum den kreativen Typ als Gleichgesinnten zu seinem Stellvertreter zu machen. Indessen wird er, gewissermaßen zur Selbstkontrolle, vielleicht nicht den kongenialen, sondern den nüchternen Logiker als Stellvertreter wählen. Was aber, wenn dieser, als der Stellvertreter, dann auf den Thron des musischen Chefs kommt? Mit großer Wahrscheinlichkeit wird er für seine eigene Stellvertretung nach einem tüchtigen Rechner als seinem »alter Ego« suchen, womit sich die Gefahr einer nur rationalen Unternehmensführung potenziert. Eine sinnvolle, persönliche Konstellation ist eben nicht ohne weiteres reproduzierbar.

Bekanntlich sind erfolgreiche Chefs meistens selbstsichere Persönlichkeiten. Ihr stärkstes Argument in der Diskussion ist der Hinweis auf ihren Erfolg, welcher bisher ihrer Meinung stets recht gegeben hat. Zwar halten sie sich selbst für außerordentlich liberal. Dieser Typ verkündet gerne, daß in seinem Unternehmen jeder seine eigene Meinung haben darf. Allerdings fügen die Untergebenen hinter vorgehaltener Hand hinzu: »Sofern sie sich mit der seinigen deckt . . . !« Ist es da verwunderlich, daß in nächster Umgebung solcher Baumriesen, die zwar reiche Frucht tragen, aber weithin Schatten werfen, hohe Stämme nicht wachsen können?

Diese wirtschafts-botanische Erkenntnis bestätigt sich auch in der Zusammensetzung des Führungsstabes und der dem Chef unmittelbar unterstellten Gruppe der Bereichsleiter. Deshalb geht es oft auch auf den unteren Stufen dramatisch zu, wenn bei Tod oder unerwartetem Abgang des obersten Chefs die Beförderungsspirale sich zu drehen beginnt, ohne daß dabei den zwischenmenschlichen Schwingungen genügend Rechnung getragen wird. Dann mag es vorkommen, daß der bisher dem Herrn Direktor unterstellte, nunmehr plötzlich in den selben Rang aufgerückte Vize-Direktor den ehemaligen Chef seinen aufgestauten Unmut spüren läßt. Umgekehrt mag der frühere Vorgesetzte dem durch den unvorhergesehenen Beförderungsschub Arrivierten zu verstehen geben, daß dieser nie soviel weiß wie er. Zwar gehen die gemeinsam auf das Wohl der Firma Verpflichteten nicht mit blankem Messer aufeinander los, ist doch der »kalte Krieg« auch in der Unternehmenshierarchie eine beliebte Art der Auseinandersetzung, indem nur schriftlich oder über die Sekretärinnen verkehrt wird. Jedenfalls ist leicht einzusehen, wieviel Sand durch eine unbedachte Gewichtsveränderung der »Balance of power« in die Maschinerie des Unternehmens rieseln kann, um so mehr als schon zu Lebzeiten des zu früh Dahingegangenen das unternehmerische Executive-Orchester selten einer friedfertigen Kongregation der ersten Christen gleicht.

Nicht weniger folgenschwer kann sich eine überstürzte Verschiebung des Kräfte-Verhältnisses unter den bisher Gleichgestellten auswirken. Standen beispielsweise der Leiter des technischen und des kommerziellen Bereiches über Jahre in kollegialer Eintracht oder wurden von oben wenigstens in konstruktiver Spannung gehalten, so hört diese Harmonie oft schlagartig auf, wenn der eine nunmehr der Vorgesetzte des anderen wird. Mit dem Glückwunsch-Champagner wird der auf der Strecke Gebliebene dem jetzt mit dem königlichen Salböl begossenen einstigen Kollegen die Kündigung ins Büro bringen

Solche Auseinandersetzungen im Zuge eines »aus dem Stand« verfügten Beförderungsschubes sind indessen nicht immer tragisch, zumal sie auch bei lang geplanter Nachfolge vorkommen. Trotzdem kann bei plötzlichem Ausfall des Chefs viel Erfahrung und Goodwill durch vorschnelle Neubesetzung entstandener Vakanzen verlorengehen. Deshalb mag es sich unter Umständen lohnen, zunächst nur interimistischen Ersatz an der Spitze wie an nachgeordneten Schaltstellen vorzunehmen. Auch kann das Interim dort eine einstweilige Lösung bedeuten, wo gefühls- und vernunftmäßige Überlegungen einander gegenüberstehen. Dieses im Widerspruch von Herz und Verstand liegende Dilemma tritt vor allem zu tage, wenn Besitz und Führung in denselben Händen liegen und bleiben sollen. Hier ist der Nachfolger zwar bestimmt, doch ist zunächst ungewiß, ob er die Nachfolge aus Gründen des Alters und der Begabung antreten kann und ob er hierzu überhaupt willens ist. In dieser — wenn auch nicht krisenhaften, so doch kritischen — Lage mag sich ein vorläufiges Zuwarten in der endgültigen Spitzenbesetzung ebenfalls lohnen.

Je vorausblickender die Führungsspitze in menschlicher und sachlicher Hinsicht aufgebaut ist, desto rascher ist die Lage auch dann wieder in den Griff zu bekommen, wenn ein Schicksalsschlag das Nachfolge-Konzept in Frage stellt. Nichtsdestoweniger vollzieht sich die Ersatzbeschaffung bei plötzlichem Ausfall des Chefs unter anderen Voraussetzungen als bei dessen geplanter Ablösung. Deshalb ist es eine wesentliche Aufgabe der Verantwortlichen, sich rechtzeitig auch mit der Nachfolge und der Überbrückung längst fälliger Krisensituationen zu befassen.

Tatsächlich wird in großen Unternehmen alles getan, um die an den Schlüsselpositionen Stehenden nicht nur in der Bewältigung ihrer unmittelbaren Aufgabe zu fördern, sondern sie auch für den allfälligen Weg nach oben vorzubereiten. Dazu werden sowohl die entsprechenden Fachkenntnisse vermittelt als auch das psychologische Verständnis geweitet, wodurch eben Integrationswille und Teamdenken entwickelt werden sollen. So wird die Laufbahn der Top-Aspiranten meist im Wechselspiel gezielter Schulung und frontnaher Praxis gestaltet. Künftige Regenten sollen sich in allen Bereichen zu Hause fühlen, über denen sie dereinst thronen werden. Im Besuch entsprechender Lehrgänge und Seminarien wird solides, theoretisches Rüstzeug verabreicht und in Stabs- und Linienfunktionen dessen Anwendung erprobt. Weltumspannende Unternehmen legen Wert darauf, daß ihre Spitzenleute das Geschäft nicht nur in seiner globalen Dimension, sondern ebensosehr in seinen kontinentalen Ausmaßen und nationalen Besonderheiten verstehen. Erfolgreiche Auslandstätigkeiten in leitender Stellung gehören sowohl in den »record« des zum Olymp Aufsteigenden als auch in den Ausweis des Führungsgehilfen im Hauptquartier wie des Bereichsleiters.

Insofern dürfen die meisten Unternehmen der Wachablösung an der Führungsspitze gelassen entgegensehen, besteht doch eine bemerkenswerte Auswahl vielversprechender Kronprinzen. Auch der Zeitplan für die Ablösungen ist wohldurchdacht. Den Bedürfnissen des Unternehmens wie der Altersstruktur der einzelnen Exponenten ist in umsichtiger Weise Rechnung getragen: Der Höchstverantwortliche wird in drei Jahren die Altersgrenze erreichen und dann den Verwaltungsratspräsidenten ablösen. An seine Stelle wird Herr X treten, welcher allerdings zu seiner beruflichen Vervollkommnung bis dahin noch die Niederlassung in Lateinamerika leiten muß, während dessen Nachfolger, Herr Y, in dieser Zeit für eine längere Dauer an der Harvard-University angemeldet ist, da ihm für seine künftige Tätigkeit dieser letzte Schliff noch fehlt. Durch solche Vorausbestimmung scheint die so wichtige Kontinuität gewahrt. Nach menschlichem Ermessen sollte der Übergang von einer Führungsgeneration zur anderen somit reibungslos verlaufen. Allein, hier spielt das Schicksal nicht immer mit. Es bewahrheitet sich eben immer wieder die alte Erkenntnis, daß der Mensch denkt und Gott lenkt.

Was nun, wenn der Absturz der Kursmaschine im Anflug auf Karachi durch den Tod des obersten Chefs den ganzen sinnreichen Ablösungsplan zunichte macht? Soll nun der designierte Nachfolger auf die so wünschenswerte Lateinamerika-Erfahrung verzichten? Kann dessen Ressort dem Herrn Y auch ohne »Harvard-Weihen« anvertraut werden? Oder ist solchenfalls etwa eine »Notlösung« vorzusehen, ein Interim, das den vorgesehenen Plan in Kraft läßt, und zugleich die Führungskontinuität gewährleistet?

Die Art und Weise, wie die plötzliche Lücke geschlossen wird, muß der unterschiedlichen Natur der wirtschaftlichen Hierarchie gegenüber der militärischen bzw. dynastischen entsprechen. In den Adels-Geschlechtern sind durch Vorausbestimmung des Nachfolgers, in der Armee durch Festlegung der Kommandostruktur entscheidende Fixpunkte gesetzt. Demgegenüber ist die Wirtschaft sowohl in der Wahl des künftigen Unternehmensführers als auch in der Gestaltung der Führungsspitze flexibel. Denn hier gilt über alle klugen Management-Modelle und Rezepte für Personalauslese immer noch der Grundsatz, daß bis und mit Portier der Mann oder die Frau gemäß Stellenschreibung zu suchen, von dort an aufwärts jedoch die Stelle nach den Talenten des Inhabers zu formieren ist.

Damit soll der bekannten Tatsache Rechnung getragen werden, daß das Zusammenspiel im wirtschaftlichen Bereich ungleich subtiler ist als beispielsweise im militärischen. Während hier letzten Endes der Befehl entscheidet, liegt dort das Schwergewicht der Führung in der Psychologie und dem erzielbaren Konsens. Dieses ungeschriebene Gesetz der Wirtschaft läßt somit eine viel weitere Auslegung zu als die Rangordnung der Thronfolge oder das militärische Reglement. In diesem Spielraum liegen gleicherweise Risiken wie Chancen.

Risiken mögen sich aus der Konstellation des Augenblickes, aus der besonderen Lage im Zeitpunkt des Krisenfalls, ergeben. Sobald eben der Aufstieg zur Spitze nicht nach einem zum voraus bestimmten Ritual erfolgt, führt der Zufall oft zu wunderlichen Lösungen. Auch machen sich nicht selten »Minenleger« und »Stolperdraht-Spanner« in diesem vermeintlichen Niemandsland des Regierungsvakuums ans Werk, sei es, um sich selbst zu Lasten anderer in Positur zu bringen, sei es, um ihrem Favoriten eine Schneise zur Spitze freizulegen. Auch kann in unstabilen Situationen die Willkür leichter Platz greifen als in einer festgelegten Ordnung.

Chancen bestehen vor allem in der Möglichkeit organisatorischer und personeller Abstimmung auf die zur Zeit des Krisenfalls anstehende Problematik. So verlangen Phasen der Expansion oder der Redimensionierung entsprechende Kapitäne und Steuermänner, was nicht heißen will, daß ein seegewohnter Navigator sein Schiff nicht bei allen Windstärken führen kann. Aber es leuchtet ein, daß z.B. nach einer Fusion, wo auf viele menschliche Erwartungen Bedacht zu nehmen ist, ein anderer Führer-Typ not tut, als in Pionierzeiten, wo das Unternehmen fast mit brutaler Durchsetzungskraft aus dem Nichts aufgebaut wird, wie Zar Peter der Große seine Hauptstadt buchstäblich aus dem Boden gestampft hat. Diese Freiheit der Wahl ist im Krisenfall u.U. für die Königsmacher die Chance.

Dienstjahre oder Anciennität allein wären somit für die Nachfolge in der Unternehmensführung untaugliche Kriterien. Hier wird mit gutem Grunde vor allem auf die Person, besser die Persönlichkeit, abgestellt sowie auf deren Stärken und Neigungen und deren Fähigkeit, sich nach oben und unten mitzuteilen. Der Chef, sein Stab und die Unterführer sollten einem wohlabgestimmten Orchester mit erprobtem Zusammenspiel der einzelnen Musiker gleichen. So wenig hier bei plötzlichem Ausfall des Dirigenten oder bestimmter Orchestermitglieder der Ersatz sofort aus einer Personalreserve beschafft werden kann, so unbehelflich wäre es, im Unternehmen bei Krisensituationen zwangsläufig einen institutionalisierten Nachfolge-Mechanismus in Kraft treten zu lassen.

Obschon oder gerade weil in der obersten Unternehmensführung profilierte und eigenwillige Persönlichkeiten zusammenwirken, läßt sich kein Baustein im Führungs-Team verändern, ohne daß sich dies nicht auf die anderen auswirken würde. Daß aber im Krisenfall ein allenfalls notwendiger »personeller Umbau« nicht über Nacht erfolgen kann und seine Zeit braucht, sollte einleuchten. Unter diesen Umständen vermag ein Interim, eine vorläufige Lösung, den zu berücksichtigenden Imponderabilien oft besser gerecht zu werden als eine endgültige.

Typologie der »Interimisten«

1. Herkunft und Motiv

Wo aber finden sich Persönlichkeiten, welche bereit sind, eine verantwortungsvolle Aufgabe nur interimistisch zu übernehmen? Was sind das für Charaktere, welche das »Abenteuer auf Zeit« zu locken vermag?

Nach einer weitverbreiteten Meinung kommt dem Interimisten die Rolle eines Lückenbüßers zu. An Beispielen fehlt es nicht, welche diese Ansicht erhärten. Man spricht diesfalls in der Kirche von einem »Übergangspapst« und in der Politik von einem »Überparteilichen«, welcher mangels eigenen Profils keinen Anstoß zu erregen verspricht. In der Wirtschaft wird farblosen Verlegenheitskandidaten euphemistischerweise die Qualifikation eines »ruhenden Pols« zugeschrieben. Alle diese Lösungen entsprechen eben der Verlegenheit der Wahlbehörde.

Verlegenheitskandidaten kommen meist zum Amt wie die Jungfrau zum Kind. Im Gegensatz zur offiziellen, schöngefärbten Sprachregelung ist ihre Amtseinsetzung in der Umgangsprache von weniger schmeichelhaften Beiwörtern geschmückt: »Faute de mieux« oder »von allen schlechten Lösungen die beste« sind häufig die Eintrittsqualifikationen dieser Lückenbüßer. Diese treten also in der Regel ihre Funktion ohne Heiligenschein und Vorschußlorbeeren an. Aber es werden auch keine weltbewegenden Taten von ihnen erwartet; denn sie sollen eben »nur« aus der Verlegenheit helfen. Und an manchen erfüllt sich die alte Weisheit, daß Gott demjenigen, welchem er ein Amt gibt, auch Verstand verleiht. Leider nicht immer beides zugleich.

Verlegenheits-Interimisten haben kein einheitliches Verhältnis zu ihrem Amte. Die einen verhalten sich erwartungsgemäß ruhig, im Bestreben, nirgends anzustoßen. Andere finden bald Gefallen an ihrer plötzlichen Machtfülle und entwickeln ein Selbstgefühl, das man ihnen nie zugetraut hätte. »L'apétit vient en mangeant« gilt offenbar auch in der Amtsführung. Und tatsächlich zeigt dann dieser und jener Interimist auf einmal Zähne und Klauen, der eigentlich seiner Samthandschuhe wegen als Verlegenheitskandidat in die Lücke geschoben worden ist.

Kenner der vatikanischen Szene behaupten, Papst Johannes XXIII — damals im Alter von 77 Jahren — sei als Kompromiß-Kandidat und »Übergangs-Papst« gewählt worden, weil zu jenem Zeitpunkt die römisch-katholische Kirche vor der Klärung grundsätzlicher, aber noch nicht spruchreifer Probleme stand. Doch war es gerade Johannes XXIII, welcher die ihm zugemessene Zeit durch die Einberufung des zweiten vatikanischen Konzils für eine epochale Neu-Orientierung der katholischen Kirche genutzt hat und dadurch zum größten Papst unseres Jahrhunderts (Küng) wurde. Indem er die Kirche aus einer erstarrten Tradition zu lösen bemüht war und bewußt eine geistige Öffnung in Gang setzte, erbrachte er urbi et orbi den spektakulären Beweis eigenen Wollens und Könnens. »Ganz gewiß hatte Johannes seine Stunde. Es war zunächst einmal ganz nüchtern und wörtlich genommen die Stunde, als er die Verlegenheits- und Übergangslösung nach dem Tode des Riesen Pius war, für manche der Platzhalter Montinis. Daß die Stunde seiner Wahl im Konklave eine große Chance der Menschheit wurde, stand nicht in den Sternen geschrieben.« (Christoph Hampe).

In der Politik ist für den Vize-Präsidenten die Rolle eines Interimisten gewissermaßen vorgezeichnet. Sein Interim beginnt mit dem Tod oder unvorhergesehenen Ausscheiden des Präsidenten und endet mit der nächsten gesetzlichen Präsidentenwahl (in welcher er allerdings selbst kandidieren kann). Nun zeigt die Erfahrung, daß der Vize-Präsident in der Regel weniger als potentieller Präsident, sondern eher als »Komplementärfigur« zu seiner Charge kommt. In seiner Person sollen immerhin die Wünsche jener Parteigänger befriedigt werden, deren Traumkandidat nicht zum Präsidenten erkoren worden ist. Oder es wird erwartet, daß der Vize-Präsident gewisse fehlende Eigenschaften des Präsidenten ergänzt. Aber eine ausgesprochene Führernatur ist er in der Regel nicht, sonst würde er sich nicht mit der nur prestigeträchtigen Rolle des Vize-Präsidenten begnügen, es sei denn, in der zweifelhaften Hoffnung, durch diese Hintertreppe auf den Präsidentenstuhl zu gelangen.

So war Harry Truman bis zum Tode von Präsident Roosevelt im Jahre 1945 eher ein farbloser Vize-Präsident. Als einfacher Bürger hatte er seine Laufbahn als Baraufseher begonnen, wurde dann Bankangestellter und schließlich Herrenartikelhändler (haberdasher). Obschon demokratischer Senator des Staates Missouri, hatte er sich in der Politik nie besonders hervorgetan, bis er 1944 Vize-Präsident der Vereinigten Staaten von Amerika wurde. »Boys« rief er den Journalisten nach dem Tode von Roosevelt zu, »wenn jemals ein Fuder Heu auf Euch fiel, so wißt Ihr, wie mir zumute ist!« Zwar mochte dies eine ulkige Redensart sein, doch wäre dieser Ausspruch von einem Helmut Schmidt oder François Mitterand schwerlich denkbar.

Aber entgegen allen Erwartungen ist Truman in Abweichung des von seinem Vorgänger verfolgten Kurses schon vom Amtsantritt bis zur Wiederwahl im Jahre 1948 konsequent seinen eigenen Weg gegangen. Mit der nach ihm benannten Truman-Doktrin zielte er darauf ab, die sowjetrussische Machtentfaltung, worin Roosevelt verhängnisvollerweise eine Zukunfts-Chance erblickt hatte, einzudämmen (containment). Auch hat er seine persönliche Entschluß-

kraft im Abwurf der Atombombe auf Hiroschima und in der Ab-
berufung des selbstherrlichen US-Generals McArthur bewiesen.
Schließlich wurde unter seiner Regierung der Marshallplan als
Hilfsprogramm für das ruinierte Europa in Gang gesetzt. Innen-
politisch verkündete er anstelle des staatsdirigistischen »New
Deal«, womit Roosevelt einen Ausgleich unter den Gesellschafts-
klassen angestrebt hatte, seinen »Fair Deal« als Appell zu gerech-
ter Sozialpolitik.

Immer wieder zeigt sich, daß die Ausübung des Amtes auf den Interimisten selbst einen zuvor nicht vorstellbaren Einfluß haben
kann. Im Bewußtsein persönlicher Verantwortung und im Selbstgefühl eigener Kompetenz scheinen dem Interimisten oft Kräfte
zuzuwachsen, wie sie etwa auch bei einer »Nummer zwei« plötzlich spürbar werden, wenn diese endlich aus der Schwerkraft der
»Nummer eins« heraustritt oder gar deren Stelle besetzt. Neben
allen, für die Wahl des Interimisten maßgebenden sachlichen und
persönlichen Kriterien ist deshalb auch abzuschätzen, ob sein bis-
heriges Verhalten dasselbe sein wird, wenn er einmal im Sattel
sitzt.

Den »Verlegenheits-Interimisten« — wie immer sie sich nach ihrer
Amtseinsetzung entwickeln — stehen die »Ziel-Interimisten« gegenüber. Diesen werden vom Wahlgremium Ziele gesetzt und
dementsprechend sind auch dessen Erwartungen. Meistens treten
die Ziel-Interimisten selbst mit klaren Vorstellungen und schlüssi-
gem Konzept das Interim an. Sie sind ausgesprochene Tatmen-
schen. Als solche sind sie auch bekannt und ausgewiesen.

Erfahrungsgemäß sind kompetente Interimisten nicht allzu dicht
gesät. Oft finden sie sich im Unternehmen selbst, entweder als
weise Olympier, die in ihrer Karriere schon weit oben stehen, oder
als hoffnungsvolle Aufsteiger, die im Interim ihr Gesellen- oder

gar Meisterstück ablegen wollen. Aber auch von außen können Talente »auf Zeit« ins Unternehmen geholt werden. Sie wirken in Beratungsfirmen, sind Manager im Ruhestand, oder selbständige Fachleute, die solchenfalls ihre Fähigkeiten als »Integratoren« beweisen oder gar berufsmäßig ausüben.

So ambivalent sich das Interim für das Unternehmen selbst präsentiert, so aussichtsreich mag es sich jenem darbieten, welcher die Funktion des Interimisten ausübt. In dieser Zeitspanne der offenen Fragen, insbesondere hinsichtlich der künftigen Führung, kann der Interimist nicht nur die Voraussetzung zu deren Beantwortung, sondern auch für sein eigenes Erfolgserlebnis schaffen.

2. Olympier

Obschon es der hierarchischen Ordnung wie der Logik widerspricht, neigen Firmenchefs und hohe Vorgesetzte dazu, vakante Positionen unterhalb ihrer Befehls-Ebene selbst interimistisch einzunehmen. Derjenige, welcher durch die Dienstordnung zu »Höherem« bestimmt ist, beschäftigt sich diesfalls mit »Niedrigerem«.

Vakanzen, welche durch einen »Interimisten von oben« ausgefüllt werden, ergeben sich meist zufolge unvorhergesehenen Abgangs eines in der Hierarchie tiefer stehenden Stellen-Inhabers. Entweder hat dieser plötzlich gekündigt, den Vertrag gebrochen oder ist verstorben. Oder aber — ein häufiger Tatbestand bei interimistischer Vakanzbesetzung von oben! — der Amtsinhaber ist abrupt seiner Funktionen enthoben worden. Derjenige, welcher ihn »freigestellt« hat, tritt dann oft selbst an dessen Stelle. Manchmal ist die eigene Amtsübernahme durch den die Entlassung Beantragenden sogar die Voraussetzung dazu.

Wenn ein Versager auch höheren Ortes längst erkannt ist und Zweifel an seiner Führung bestehen, wird dennoch oft gezögert, die fälligen Konsequenzen zu ziehen. Denn er, der Stein des Anstoßes, ist immerhin viele Jahre in der Firma. Seine Erfahrung und Detailkenntnis sind, oder scheinen jedenfalls, beispiellos. Er kennt alle Zusammenhänge. Ein anderer könnte das komplizierte Beziehungsnetz (das der Amtsinhaber gesponnen hat!) überhaupt nicht verstehen. Und was würden erst die Kunden sagen, mit denen er intime Freundschaft unterhält, geschweige denn die Mitarbeiter, welche für ihn — wie er selbstgefällig meint — durchs Feuer gehen würden (am liebsten allerdings, wenn es ausgelöscht ist!) Ein von unten Nachrückender scheint deshalb der Aufgabe unmöglich gewachsen. Und ein Neuer, der gar nicht im Bild sein kann, kommt erst recht nicht in Frage. Man wäre zwar glücklich, den Störfaktor loszuwerden, befürchtet aber, durch seine Entlassung vom Regen in die Traufe zu kommen. Also, was tun?

Endlich fällt das erlösende Wort, welches das Wagnis der Amtsenthebung tragbar macht: »Ich werde künftig selbst die Funktionen des Herrn X übernehmen!« erklärt sein Vorgesetzter dem verschreckten Verwaltungsrat. Zwar regen sich Zweifel, ob dieser opferbereite Vorgesetzte sich damit nicht eine zu große Last aufbürde. Doch schnell beruhigt dieser die Skeptiker mit der Versicherung, daß ihn das »Selbermachen« weniger beanspruche als die endlosen Querelen des altgedienten Herrn X. Sein Vorschlag findet Zustimmung; denn er, der Vorgesetzte des Herrn X, muß die Materie wohl kennen. Das Axiom, wonach höherer Grad bessere Kenntnis nicht ausschließt, verdichtet sich zur tröstlichen Gewißheit, daß der Vorgesetzte zwangsläufig auch über das Wissen des Untergebenen verfügt, ansonst er doch gar nicht dessen Vorgesetzter sein könnte! Also, die alte Weisheit der Römer: In majore minus, was heißen will: im Größeren ist das Kleinere ohnehin enthalten.

Bei dieser Vermutung wird allerdings zuwenig bedacht, daß der Vorgesetzte sein Amt primär nicht als der bessere Fachmann, sondern als der höhere Führer ausübt. Dies wurde — wie die bekannte Anekdote lehrt — auch jenem Tierfreund bewußt, der einen Papagei kaufen wollte. Entsetzt über des gelben Papageis hohen Preis, welchen der Vogelhändler mit dessen Fähigkeit rechtfertigte, deutsch, französisch und italienisch zu sprechen, erklärte der Käufer, statt dessen mit dem blauen Papagei vorliebzunehmen. Als aber für diesen ein noch höherer Preis genannt wurde, erhielt er auf seine erstaunte Frage, wie viele Sprachen denn dieser Vogel spreche, die lapidare Antwort: »Überhaupt keine, aber er ist der

Vorgesetzte des gelben!« So zynisch die schnurrige Metapher auch scheinen mag, hat sie insofern doch ihre Richtigkeit, als der Vorgesetzte gar nicht zu seinem höheren Amt befördert worden wäre, wenn seine Fähigkeiten für die höhere Stufe nicht größer eingeschätzt worden wären als für die tiefere.

In der interimistischen Amtsübernahme tiefer liegender Funktionen durch hochgestellte Olympier zeigen sich erfahrungsgemäß zwei verschiedene Motivierungen: Die eine ist vorwärts gerichtet in der Absicht, die Dinge neu zu regeln. Ihre Repräsentanten finden sich vor allem dort, wo eine Führungsablösung an der Spitze durch einen Außenstehenden stattgefunden hat und der nunmehr Höchstverantwortliche in allen Bereichen Geist von seinem Geiste möchte wirken sehen. Demgegenüber besteht bei den in der Hierarchie selbst Aufgestiegenen die Neigung, jenen Zustand auf der unteren Stufe wiederherzustellen, wie er einmal war und zu dem noch ein seliges Rückerinnern besteht.

Die interimistische Ersetzung eines Unterführers durch dessen Vorgesetzten wirkt nämlich nicht nur für den nächsthöheren Verantwortlichen, letztlich den Verwaltungsrat, beruhigend. Sie ist auch für denjenigen, welcher wiederum auf die tiefere Stufe hinabsteigt; in gewissem Sinne attraktiv. Von dort ist er selbst hergekommen, und dort fühlt er sich so richtig zu Hause. Dabei liegt die latente Bereitschaft, sich mit Obliegenheiten der unteren Stufe zu beschäftigen, vor allem im eigenen Erlebnis früheren Lernens und Aufnehmens. Nichts geht so in »Fleisch und Blut« über wie das, was man selbst erfahren oder gar erlitten hat. So verdeutlicht Gottfried Kellers Gedicht »Jung gewohnt, alt getan« eine geradezu unheimliche Lebenswahrheit. Unheimlich deshalb, weil eben die Gewohnheit der Jugend fortgesetztes Selbsttun im Alter fast naturhaft nach sich zieht. — »Gelernt ist gelernt« — stellt der hohe Würdenträger mit Stolz fest, wenn er tief unter seinem Wirkungsbereich Liegendes selbst erledigt, und zwar so, wie er es eben vor vielen Jahren selbst gelernt hat.

Zudem fällt auf jeder Stufe von dem Kolorit, welches das Leben bunt und anschaulich macht, immer mehr zu Gunsten abstrakten Denkens ab. Den Spitzenleuten ist es deshalb nicht zu verargen, wenn sie sich gelegentlich nach jener Welt, die für sie nicht einmal mehr eine Traumwelt, sondern bereits eine ausgeträumte Welt ist, zurücksehnen. — Haben übrigens nicht auch die Götter die Sterblichen beneidet, sie, die scheinbar alle Macht besaßen, denen aber das Kontrast-Erlebnis von Glück und Leid damit genommen war? Mag man darüber lächeln, wenn große Strategen und allgewaltige Industriekapitäne sich selbst gestaltend einer untergeordneten Funktion bemächtigen. Solange dies nicht zum Führungsstil wird — wie es Parkinsons Gesetz persifliert —, sind solche Menschlichkeiten der Olympier gar nicht so lächerlich und ungesund, wie man meinen könnte. Denn die dünne Luft des Höhenfluges ist auf die Dauer kaum erträglich und zwingt mit naturhafter Gewalt immer wieder zu Boden.

Bedeutet somit derartige Bodenberührung einerseits notwendige Tuchfühlung mit der Wirklichkeit, ist sie andererseits schädlich, wenn ein hoher Chef in Vernachlässigung seiner eigentlichen Aufgaben sich als Interimist in nachgeordneten Tätigkeiten verliert. Dann bleibt der alte untere Bereich weiterhin sein gehätscheltes Lieblingskind, in dessen Nähe er aufatmet, während er in der höheren Umgebung sich zuweilen fast beklommen fühlt. Mit dem Schwergewicht seiner Einflußnahme verharrt er nur zu gerne in seinem ehemaligen Tätigkeitsgebiet, womit sein Augenmerk oft über Gebühr von seiner wirklichen Funktion abgelenkt wird.

Doch drängen nicht nur alte Gewohnheiten, spielerische Verhaftung im Detail und Liebe zur früheren Tätigkeit Höhergestellte interimistisch in die Rolle des Untergebenen. Ebenso oft sind es ehrenwerte, von hohem Pflichtbewußtsein gebotene, Gründe, deretwegen der ins Interim absteigende Vorgesetzte seine eigene Person, seine interne Autorität und sein äußeres Ansehen in die Schanze schlägt. Meist handelt es sich dann um krisenhafte Situationen, wo das Schicksal des Unternehmers auf des Messers Schneide steht. In der Regel sind es die von außen berufenen Unternehmenskapitäne, welche sofort mit Kennerblick die Schwächen der ihnen anvertrauten Firma erfassen und sogleich auch erkennen, daß deren Behebung in erster Linie ein geistiges Problem, somit ein Problem der Führung ist, das kurzfristig nur durch sie selbst gelöst werden kann. Dann klingt der alte Schlachtruf »mir nach!« ungleich mitreißender als die Einsetzung eines in der Firma vielleicht noch unbekannten und wenig vertrauten Unterführers, wie gescheit auch dessen Antrittsvorlesung tönen mag.

Der Höchstkommandierende ist sich dann bewußt, daß auch er — sogar in erster Linie er! — bei einer Niederlage oder einem »Flop« hinweggefegt wird. Er weiß, daß es unter diesen Umständen für ihn keine Exkulpation gibt. Und wie sehr auch der autoritäre Machthaber die Schuldigen sonst stets in den unteren Rängen zu finden weiß, so würde er doch bei diesem Sachverhalt mit seinem Gebäude fallen.

In dieser Lage ergreift er zwangsläufig die Flucht nach vorne. Sieg oder Untergang lautet seine Devise, mit der er sich in das Interim stürzt. Und nicht selten ist es dieser »Mut der Verzweiflung«, welcher die Rettung bringt. Dabei ist es nicht nur das eigene Können, welches die Wende herbeiführt, sondern vielmehr die psychologische Wirkung des persönlichen Einsatzes. Wenn für Mitarbeiter und Partner allenfalls Zweifel am Erfolg bestehen, werden diese dadurch ausgeräumt, daß sich der Chef nunmehr höchstpersönlich exponiert. Dadurch, daß er den »point of no return« offenkundig macht und aller Welt zeigt, daß er selbst mit der Sache steht und fällt, erhöht sich seine eigene Glaubwürdigkeit und damit auch der Glaube an das, wofür er kämpft. Und bekanntlich ist es der Glaube, welcher Berge versetzt!

In der Geschichte fehlt es nicht an spektakulären Beispielen, wo sich in Krisenlagen der Staatschef »zu seinem eigenen Feldherrn« macht, wie z.B. Hitler im Dezember 1941 das Kommando über das deutsche Ost-Heer selbst übernommen hat. Sebastian Haffner, gewiß kein Apologet Adolf Hitlers, meint, daß damals eine sofortige napoleonische Katastrophe unter der Doppelwirkung der russischen Offensive und des russischen Winters nicht zuletzt durch Hitlers Willenskraft vermieden wurde. Später, im Jahre 1944, unterstellte sich der fortan gegen seine Generäle mißtrauische Hitler interimistisch den Kommandanten einer Werfer-Kompanie an der Invasionsfront. Zwar war dieser Kampfraum nur ein winziges Detail des Kriegstheaters, doch glaubte Hitler offenbar, durch sein persönliches Eingreifen die Lage wenden zu können.

Auch in der Wirtschaft sind die Fälle zahlreich, wo der Höchstkommandierende sein ganzes Prestige in die Waagschale wirft, um eine verfahrene Lage wiederherzustellen. Und zwar wird dieser persönliche, interimistische Einsatz des Chefs auf einer unteren Stufe, unbesehen der Firmen-Größe und der Tatsache, ob es ums Ganze oder einen strategischen Teilbereich geht, nach derselben Regel praktiziert wie in der Politik, wenn Entscheidendes auf dem Spiel steht.

So sah sich beispielsweise die Firma Silent-Gliss in Bern, das führende, europäische und international tätige Unternehmen der Vorhangtechnik (window treatment) mit einem Welt-Umsatz von 100 Mio. SFr. einer Stagnation und Verlustsituation in ihrer investitionsträchtigen USA-Niederlassung gegenüber. Sorgfältige Markt-Planung und alle denkbaren Beihilfen des Hauptquartiers in Bern vermochten ebensowenig die Wende zu bringen, wie ein Auswechseln des für den USA-Markt operativ Verantwortlichen. Vor den für das Gesamtunternehmen bedeutsamen Entscheid gestellt: Rückzug aus dem vielversprechenden USA-Markt oder Inkaufnahme weiterer Durchhalteverluste, entschloß sich der Präsident und Delegierte des Verwaltungsrates, Konrad Bratschi, dort interimistisch selbst nach dem Rechten zu sehen. Tatsächlich erhärtete sich auch in diesem Fall das stets zu beherzigende amerikanische Sprichwort: The best fertilisers are the food-traps of the bosses!« Denn bald war dank seiner häufigen Präsenz, seiner Motivationsfähigkeit auf jeden einzelnen Mitarbeiter, und seiner, auch im fremden Markt erfolgreichen Systematik die Verlustperiode überwunden und eine positive Entwicklung eingeleitet.

Besonders spektakulär hat die Berechtigung der Olympier, durch interimistische Machtübernahme auf der unteren Stufe Ordnung zu schaffen, in der weltumspannenden BBC (Umsatz 1986: 13,8 Mrd. SFr) beispielhaft ihre Bestätigung gefunden. Bei diesem im Turbinenbau jahrzehntelang führenden Unternehmen hatte wie bei anderen im internationalen Wettbewerb scheinbar unschlagbaren Firmen, ein Selbstwertgefühl Platz gegriffen, das im Produktivitätsvergleich zur ausländischen Konkurrenz in keiner Weise mehr gerechtfertigt war. Langsam, aber sicher war das Unternehmen von stolzen Gewinnen in die Verlustzone abgerutscht.

In diesem Zeitpunkt hat Dr. Fritz Leutwiler, ehemaliger Präsident der Schweizerischen Nationalbank, das Präsidium des Verwaltungsrates übernommen. Anders als viele hochgestellte Persönlichkeiten des öffentlichen Lebens, welche Mandate solcher Art in der Privatwirtschaft übernehmen, und anders, als sich dies offenbar der bisherige Delegierte des Verwaltungsrates als Vorsitzender der Konzernleitung von BBC vorgestellt hatte, hat sich Dr. Leutwiler nicht mit der Rolle eines mondialen Aushängeschildes begnügt. Vielmehr hat er es als seine Pflicht erachtet, das Unternehmen wiederum »auf Vordermann zu bringen«. Dies schien ihm um so notwendiger, als er bei seinem Amtsantritt ein ungleich größeres Ausmaß langjähriger Versäumnisse vorfand, als dies von außen erkennbar war.

Bei solcher fast wie ein geo-tektonisches Ereignis anmutenden Neuformierung der Unternehmensspitze erweist sich eine Harmonisierung der Führungsvorstellungen des neuen Machthabers mit denjenigen des Exponenten des alten Kurses naturgemäß schwierig. Der Unterschied in der unternehmerischen Denkweise steht oft einer einheitlichen Willensbildung unüberbrückbar entgegen. Bei BBC hat dann der bisherige Delegierte des Verwaltungsrates und Vorsitzende der Konzernleitung das Feld geräumt, und Dr. Leutwiler hat dessen Funktion interimistisch übernommen.

In diesem Zusammenhang erscheint das Ausscheiden des für die frühere Richtung Verantwortlichen weniger außergewöhnlich als die besondere Art, wie Dr. Leutwiler dessen Funktion selbst ad interim übernommen hat. Das von ihm verfügte Interim hat er nicht einfach auf Zusehen hin angetreten. In vorbildlicher Weise hat er sogleich drei wichtige — jegliche Unsicherheit behebende — Marksteine gesetzt. Einmal bezüglich seiner eigenen, interimistischen Funktion, zum anderen hinsichtlich seines Nachfolgers, und schließlich betreffend die Dauer seiner persönlichen, interimistischen Amtsführung als Vorsitzender der Konzernleitung.

Für die Übernahme der operativen Führung entlastete sich Dr.

Leutwiler durch Verzicht auf verschiedene ihm von dritter Seite angebotene interessante Mandate. Als Nachfolger mit nach Jahresfrist erfolgender Amtsübernahme schlug er dem Verwaltungsrat Dr. Thomas Gasser zur Wahl vor. Gleichzeitig empfahl er, als neues Mitglied und späteren vollamtlichen Vize-Präsidenten des Verwaltungsrates Dr. Bernd Müller-Berghoff zu wählen. Leutwiler vertrat die Meinung, daß dieser, als gebürtiger Deutscher, auch bestens in der Lage sein werde, hernach die größte BBC-Tochter in Mannheim zu führen. Das Interim konnte somit zur Vorbereitung der neuen Ordnung seinen Zweck erfüllen.

Bemerkenswert ist vor allem, daß Dr. Leutwiler nach Ablauf des Interims nicht einfach den »status quo ante« wieder in Kraft treten ließ. Bewußt hat er — der veränderten Lage entsprechend — das Pflichtenheft des Konzernleitungs-Vorsitzenden neu festgelegt. Dabei wurde der Arbeitsteilung zwischen dem auf strategischer Ebene nunmehr selbst aktiven Verwaltungrats-Präsidenten und dem operativ zuständigen Chef der Konzernleitung entsprechend Rechnung getragen.

Im BBC-Interim wird aber auch deutlich, daß die Lage vor und nach dem Interim kaum je die gleiche ist. Man steigt nie zweimal in denselben Fluß! Das Interim selbst schafft eine neue Ausgangslage, und die interimistische Vakanz-Besetzung durch einen Olympier hat schließlich zum Zweck, die Dinge besser als vorher — also neu! — zu ordnen.

Das BBC-Beispiel ist aber noch in einer weiteren Dimension spektakulär. Hier wurde das Interim nicht einfach als Wartezeit verstanden, sondern vielmehr als Zeit des Aufbruches aus lähmender Stagnation. In seiner interimistischen Einflußnahme hat Dr. F. Leutwiler das schicksalsbestimmende Bündnis der schweizerischen

BBC und der schwedischen ASEA zu ABB zustande gebracht, wodurch das Unternehmen eine völlig neue Ausrichtung erhalten hat. Wohl kaum je hat ein unternehmerisches Interim größere Langzeitwirkung entfaltet.

Doch braucht es nicht immer ein hochdramatischer Anlaß zu sein, welcher ein »Interim von oben« bewirkt. Oft besteht in der Unternehmensleitung bei Ausscheiden eines autoritären Ressortleiters, der sich auch von seinen Vorgesetzten nicht in die Karten blicken ließ und kraft seiner Dienstjahre und Meriten sich nach allen Seiten abgeschirmt hat, der berechtigte Wunsch nach vermehrter Einsicht in dessen Bereich. Die unter der Herrschaft des »Alten« gewissermaßen »reichsfrei« gewordene Domäne soll wiederum mit sanfter Gewalt unter die kaiserliche Oberhoheit gebracht werden. Wer wäre zur Durchführung einer solchen Re-Integration besser geeignet als der Kaiser selbst, welcher nun das verwaiste Ressort ad interim persönlich übernimmt?

Solche firmenmoralische Aufrüstung mag durchaus zweckmäßig sein, wenn der zuständige Amtsinhaber das Feld endgültig geräumt hat und das »Interim von oben« lediglich die Zeitspanne bis zur Kommandoübernahme des Nachfolgers überbrücken soll. Größte Vorsicht ist aber dann geboten, wenn der betreffende Bereichsleiter wiederum auf seinen Thron zurückkehrt, wie dies nach längerer Beurlaubung, zeitweiliger Detachierung für Sonderaufgaben oder lang dauernder Krankheit der Fall ist. Dann liegt es nahe, daß im interimistischen Verkehr zwischen dem Oberkommandierenden und den Unterstellten des abwesenden Stellen-Inhabers jenes verhängnisvolle Sandkorn der Illoyalität in das Räderwerk der Firmen-Maschinerie fällt: »Hat Ihr Chef das tatsächlich so angeordnet, wo er doch um das Risiko gewußt hat?« fragt der Herr Generaldirektor den sichtlich verlegenen Prokuristen. »Ja, das war sein Entscheid, obschon ich ihn auf das Wagnis aufmerksam gemacht habe«, antwortet der Befragte und setzt verbindlich hinzu: »Aber er wird schon seine Gründe gehabt haben«. »Sicher hat er sich etwas dabei gedacht«, beschließt der Superchef zustimmend das Gespräch, jedoch mit hochgezogenen Brauen, womit die »Todsünde«, Verletzung des Dienstweges, schon begangen ist. Denn auch der unartikulierte, gewissermaßen nur in den Raum gestellte Zweifel an der Richtigkeit des vom zuständigen Leiter getroffenen Entscheides ist ein Verstoß gegen die Loyalität. Diese Problematik entfällt, wenn die Vakanz nicht von oben herab, sondern von unten herauf interimistisch ausgefüllt wird.

3. Aufsteiger

Wie ein Trompetenstoß muß der Auftrag zur interimistischen Geschäftsführung den Aufsteiger elektrisieren! Nach der Devise: »Wie man sich bettet, so liegt man« macht er sich ans Werk. Denn während der interimistisch auf die tiefere Stufe absteigende höhere Vorgesetzte diesen Wirkungsbereich im Nachglanz vergangener Tätigkeit betrachtet, sieht der von unten Berufene seine Aufgabe im Morgenrot des für ihn anbrechenden Tages. In seiner Zuversicht bestätigt ihn die Erkenntnis, daß das unternehmerische Interim flexibler geregelt ist als das dynastische und militärische. »Hier gibt es nichts, was es nicht gibt!«. Im Gegensatz zum Offizier, der die interimistisch besetzte Position nach Erfüllung aller Beförderungsbestimmungen sicher als Kommandant einnimmt, oder dem Prinzregenten, dessen Interim mit Mündigkeit des Kronprinzen zwangsläufig endet, gleicht der Antritt eines Interims in der Wirtschaft zuweilen einer Fahrt ins Blaue, oft aber auch in ein Land unbegrenzter Möglichkeiten.

Zwar bestehen auch in der Wirtschaft jeweils gewisse Vorstellungen über die Dauer des Interims wie über den hernach zu inthronisierenden Machthaber, doch sind sie meistens nicht in Granit gemeißelt. Deshalb kann sich in dieser oft kaleidoskopartigen Zukunfts-Sicht der Aufsteiger seine Chancen ausrechnen. Denn an ihm liegt es, seine Führungsqualitäten mit entsprechendem Erfolg während des Interims ins richtige Licht zu stellen. »Nothing succeeds like succes«, sagt das Sprichwort. Und in der Tat wäre für die Königsmacher nach Ablauf der gesetzten Frist die Wahl zwischen dem nunmehr bewährten Interimisten und dem ursprünglich vorgesehenen Nachfolger schwer.

71

Für den aufsteigenden Interimisten ist solche Bewährungsprobe eine motivierende Herausforderung. Denn bei aller Loyalität zum Vorgesetzten hat jeder tüchtige Unterführer den Wunsch, seine eigene Handschrift zu erproben und in höherer Verantwortung seine Selbstverwirklichung zu finden. Während der Olympier, welcher interimistisch wiederum einen tieferen Wirkungskreis betreut, zum Ärger seiner Umgebung leicht einem »déjà vu« erliegt, ziehen die Aufsteiger, wie seinerzeit die Conquistadoren, in ein faszinierendes Neuland ein. Und bekanntlich hat der Reiz des Neuen die größte Schubkraft, für den Entdecker und Pionier sowie für dessen Gefolgschaft. Indem nun der Aufsteiger mit jugendlicher Zukunftsgläubigkeit in das Eldorado des Interims vorstößt, ist es, als ob ihm Kräfte durch die Sohlen zuwachsen würden. Und wie er seine Aufgabe zu bestem Nutzen der Firma zu lösen trachtet, baut er damit gleichzeitig seine eigene Zukunft. Denn bald wird er als »winning horse« gelten, das bekanntlich nie gewechselt werden soll.

Auch die Mitarbeiter spüren diesen zielgerichteten Schwung des Aufsteigers. Anders als beim Olympier, der nach Beendigung des Interims sicher nicht ihr Chef sein wird, ergeben sich für sie bei dem von unten Kommenden andere Aussichten. Weil es offen ist, ob der Interimist seßhaft wird und schließlich als Befehlshaber das Kommando führt, könnte sich bloßes Abwarten fatal auswirken. So gebietet es die Vorsicht, zunächst einmal das Heil in positiver Mitarbeit zu suchen. Und dies ist es, was die Durchschlagskraft des ad interim amtierenden Aufsteigers geradezu potenziert. Somit kann es nicht ausbleiben, daß er allmählich für das Unternehmen in der übernommenen Funktion unentbehrlich wird.

Da nun Weisheit und Voraussicht (schon altershalber!) Tugenden der Aufsichts- und Verwaltungsräte sind, werden diese den auf den Schild gehobenen Interimisten nicht schrankenlos sich in freier

Wildbahn austoben lassen. Vielmehr muß dieser ihnen die Tauglichkeit seiner Philosophie und die Richtigkeit seiner Argumente im Wettbewerb des Marktes beweisen. Dies erfordert allerdings eine Zeitspanne, wie sie ein wirtschaftlicher »Erntezyklus« umfaßt, analog der landwirtschaftlichen Prozedur des Säens, Pflegens und Erntens. Wesentlich ist, daß der Interimist »sein« Konzept nicht nur in der Planung, sondern auch in der Durchsetzung betreut und schließlich auch den Erfolg sicherstellt. Der Leistungsausweis der geglückten Markteroberung, der gelungenen technischen Rationalisierung, der kostensparenden Reorganisation usw. mag dann zu Recht als Marschallstab aus dem Tornister des Interimisten hervorgeholt werden, bezeugt er doch persönliches Können und verleiht dem Träger Glaubwürdigkeit nach innen und Ansehen nach außen.

Die Interims-Gestaltung mittels eines derartigen »Ernte-Zyklus« bedeutet für den Interimisten und das Unternehmen mehr als nur Überbrückung eines Interregnums. Und im Gegensatz zur Probe-Ehe, die bekanntlich bei schweren Belastungen in die Brüche geht, kann sich die Allianz von Unternehmen und Manager überhaupt nur im wirtschaftlichen Fegefeuer erhärten. Besteht der Aufsteiger während des Interims diese Feuerprobe nicht, kann die oberste Firmenleitung dem Himmel nur danken, daß der bittere Kelch einer führungsmäßigen Fehlbesetzung diesmal gnädig vorbei gegangen ist. Und das Interim wird solchenfalls ein ebenso natürliches wie rasches Ende finden.

Aber nicht nur als Bewährungsprobe bietet sich das Interim dem Aufsteiger dar, sondern auch als persönliche Ausbildung, um die späteren Pflichten besser wahrzunehmen. Übung macht den Meister. Gegen diesen Grundsatz ist sicher nichts einzuwenden, solange der »Führungslehrling« nicht durch die ihm gestellte Aufgabe überfordert wird und er keine groben Schnitzer macht. Denn Führungsautorität beruht heute weniger auf dem hierarchischen Grad als vielmehr auf der Sach-Kompetenz des Vorgesetzten. Da können Glaubwürdigkeit und Ansehen leicht verspielt werden, wenn das Interim als Versuchsanstalt mißbraucht wird. Denn die Gefolgschaft hat ein feines Gespür, ob Führungsfehler im Rahmen vertretbaren Ermessens oder in mangelndem Können und ungenügender Erfahrung liegen. Der hoffnungsvollen Zielsetzung des »learning by doing« steht dann, wenn die Geführten die Stümpereien ihres Chefs entgelten müssen, deren berechtigte Frage gegenüber: »weshalb sollen **wir** das Versuchskaninchen sein?« Also ist gebührende Vorsicht in der Besetzung von Vakanzen mit Aufsteigern geboten, an deren Fähigkeit erhebliche Zweifel bestehen. Denn nicht nur die Sache selbst gerät durch Führungsfehler in Gefahr; vor allem sind Menschen ein viel zu kostbares Gut, um damit zu experimentieren.

4. Manager a.D.

Anwärter auf die Funktion des Interimisten finden sich auch unter den Managern, welche nach erfülltem Berufsleben in einen neuen Lebensabschnitt treten. Dieser Status wird durch die beiden Buchstaben »a.D.« (außer Dienst) der Umwelt kundgetan. Daß dieses »Nachwort« zuweilen persiflierenderweise als »ade!« interpretiert wird, mag einerseits den nicht immer ganz freiwilligen Abschied vom hohen Amte andeuten und entspricht andererseits der menschlichen Unart, einen natürlichen Vorgang zweiflerisch zu ironisieren. Doch Spaß beiseite: Der Zusatz »a.D.« läßt erkennen, daß Führerpersönlichkeiten, deren Aktivität durch Amtsdauer, statutarische Altersguillotine oder Vertragsablauf begrenzt war, nunmehr ihr Leben neu gestalten können.

Für die einen mag diese Zäsur der Beginn des lang ersehnten Ruhestandes sein. Es sind dies vorwiegend jene, welche den Beruf als Notwendigkeit ausgeübt, ihre Erfüllung aber in irgendwelchen Liebhabereien gefunden haben. Sie sind im Grunde froh, der Hektik des Geschäftslebens entronnen zu sein, und zeigen keine Lust, in dieses wieder einzusteigen. Sie waren zwar dem Titel nach Manager, zutiefst aber keine Macher. Fortan reicht ihr Interessenbereich von der Rosenzucht bis zur Briefmarkensammlung, vom Reisen bis zur Senioren-Universität. In diese Welt halten sie nun genüßlich-kontemplativ Einkehr.

Anderen ist zwar die Betriebsamkeit aus dem früheren Manager-Leben geblieben, ohne daß solcher Turbulenz auch Produktivität und Effizienz gefolgt wären. Sie brüsten sich gerne damit, daß ihr Ruhestand ein Unruhestand sei, in dem sie mehr zu tun hätten als zuvor. Multa non multum — Vieles, aber nicht viel, charakterisiert die Emsigkeit eines solchen Ruheständlers. Seine Unruhe wirkt im negativen Sinne ansteckend, besonders auf die Gattin. Diese hat sich nämlich wegen der bisher häufigen Absenz des Gatten ihr eigenes Leben sinnvoll gestaltet, in welches fortan die Ruhelosigkeit des im Leeren drehenden Gemahls störend einwirkt. Zwar wäre dieser bereit, entsprechend seiner Betriebsamkeit jedwede neue Aktivität aufzunehmen. Doch fehlen ihm zu erfolgreicher Führung schöpferische Gestaltungskraft und zielgerichtete Gelassenheit.

Schließlich — aber nicht zuletzt! — gibt es den Manager a.D., der zwar eine erfolgreiche Berufskarriere abgeschlossen hat, aber nichtsdestoweniger im Vollbesitz seiner Spannkraft geblieben ist. Wenn er trotzdem freiwillig zurückgetreten oder an der Altersgrenze abgelöst worden ist, so tut solches der Tatsache seiner geistigen und physischen Präsenz keinen Abbruch. Denn die Altersgrenze markiert nicht notwendigerweise eine eingetretene Dekreszenz des Abgelösten. Sie soll vielmehr dem Unternehmen die Möglichkeit geben, rechtzeitig frisches Blut an die Unternehmensspitze zu bringen und diese vor Verkalkung oder gar Versteinerung zu schützen.

Wenn somit der Manager a.D. nach wie vor über Führungsqualitäten verfügt, die es zur erfolgreichen Leitung eines Unternehmens braucht, so hat er dies nicht nur seiner individuellen Weiterbildung und sportlichen Betätigung zuzuschreiben, sondern auch einer gegenüber früher tiefer angesetzten Altersgrenze. Vor allem große Konzerne gehen im Bestreben, die Führungsspitze jung zu erhalten, heute vermehrt dazu über, ihre Kapitäne und Steuermänner abzulösen, wenn sie noch auf dem Zenit ihrer Wirkungskraft sind. Pensionierungen mit Erreichen des 58. und 60. Altersjahres gehören vielerorts schon zur Norm.

Die auf dieser Altersstufe angelangten Wirtschaftsführer sind in der Regel erfahrene, aber noch tatkräftige Leute. Wer in seinem Berufsleben erfolgreich war, verfügt zudem aus seiner früheren Tätigkeit über ein Ruhegehalt, das ihm auch ohne weiteres Zusatzeinkommen die Beibehaltung seines Lebensstandards erlaubt. Er kann es sich deshalb leisten, ohne falsche Rücksichtnahme auf über- und untergeordnete Majestäten die ihm richtig scheinende Lösung kompromißlos anzusteuern, ohne bei einem allfälligen Hauskrach an seiner Lebensqualität wegen finanzieller Einbuße zu leiden. Somit ist er in der Lage, die ungeschminkte Wahrheit zu sagen. Dies ist sein entscheidender Vorteil gegenüber anderen »Sachverständigen«.

Diese besonderen Voraussetzungen ermöglichen einem Manager a.D., seine Erfahrung nochmals in einer für ihn sinnvollen Führungsaufgabe fruchtbar zu machen. Solche Persönlichkeiten lassen sich auch von der Einsicht leiten, daß es in ihrem Alter nicht mehr darum gehen kann, eine neue »Lebensaufgabe«, wohl aber eine Brückenfunktion zu übernehmen, welche im betreffenden Unternehmen eine problematische Zeitspanne führungsmäßig absichert.

Besonders in Vertrauens-Krisen, welche nicht primär auf einen verpaßten Anschluß an den technologischen Fortschritt, einen Konjunkturabschwung oder einen Markteinbruch, sondern vielmehr auf eine interne Malaise zurückgehen, tut vor allem eine Stabilisierung der Führung not. Naturgemäß fällt es dem in solchen Krisenlagen erfahrenen Chef leichter, das Vertrauen wiederherzustellen, als einem noch selbst um seine Anerkennung ringenden Aufsteiger oder gar einem Außenseiter. Eigentümlicherweise nehmen auch die Völker in echten Notlagen immer wieder zu ihren Alten Zuflucht. Die Franzosen haben 1940 den 84jährigen General Pétain, den Sieger von Verdun, aus der Vergessenheit hervorgeholt, und die Deutschen wählten 1925 (Wiederwahl 1932!) den greisen Feldmarschall Paul von Hindenburg zum Reichspräsidenten, ihn, der am Ende des ersten Weltkrieges das Odium des Rückzuges auf sich genommen hatte. Und ebenso stand die deutsche Bundesrepublik in ihrem wohl schwierigsten Zeitabschnitt maßgeblich unter dem Einfluß von Konrad Adenauer, der seine Kanzlerschaft mit fast 74 Jahren begonnen und mit nahezu 88 Jahren beendet hat.

In der schweizerischen Knorr-Nährmittel AG brachte 1946 eine solche Vertrauenskrise die Firma an den Rand des Ruins. In der Euphorie des nach der Kriegsbewirtschaftung wieder offenen Marktes hatte der Verwaltungsrat den bisherigen, Anfang der 60er Jahre stehenden Direktor, der das Unternehmen aus fast gewerblichen zu industriellen Dimensionen entwickelt hatte, durch einen von außen berufenen Chef ersetzt. Dieser sollte die Firma »auf Touren« bringen. Er selbst war vom Ehrgeiz besessen, ein Marktwunder vorzeigen zu können. Indem er sich dabei besserwisserisch über den Rat und die Warnung der Altgedienten hinwegsetzte, verschuldete er schwere Produktionsfehler, welche das Konsumgut ungenießbar und damit unverkäuflich machten. Resignation der Sachverständigen, Kündigungen der um ihre Zukunft Bangenden und größte Sorge aller Mitarbeiter bewirkten in der Firma eine eigentliche Weltuntergangsstimmung. Nachdem Vorgesetzte aller Stufen im Bunde mit den Angestellten und Arbeitern den Verwaltungsrat in einer Bittschrift ersucht hatten, der offensichtlichen Mißwirtschaft schleunigst ein Ende zu setzen, wurde der neue Direktor mit sofortiger Wirkung suspendiert. Sein Vorgänger, den er seinerzeit vorzeitig in den Ruhestand gedrängt hatte, wurde nunmehr vom Verwaltungsrat gebeten, einstweilen die Leitung wieder zu übernehmen. Seine Regierung, gekennzeichnet durch verständnisvolle Gelassenheit, ließen Ruhe und Vertrauen bald zurückkehren. Sein kurzes Interim von einem Jahr machte es möglich, als Chef einen qualifizierten Markenartikel-Fachmann zu gewinnen, unter dessen Leitung die Knorr AG in der Schweiz später marktführend geworden ist.

Wie steht es aber mit der Fachkompetenz und dem beruflichen Wissen des Managers a.D.? Ist er nicht allein schon durch den technologischen Fortschritt zwangsläufig im Rückstand? Diese Frage beantwortet sich im Einzelfall aufgrund der reichlich vorhandenen Information; denn ein Manager ist nach Abschluß seiner Berufskarriere nicht mehr ein unbeschriebenes Blatt. Der Erfolg seiner früheren Führungstätigkeit, sein Ruf bei seinen Sozialpartnern, sein Ansehen im Branchenverband und seine Öffentlichkeitsarbeit sprechen meist eine deutliche Sprache.

Das Wissen, das sich beim Manager a.D. in der Summe des Erlebten ausdrückt, zeigt sich entweder als versteinerte oder als lebendige Erfahrung. Im negativen Sinne wirkt sie sich als Vorurteil aus, dann nämlich, wenn der tiefere Sinn des Erlebten nicht Erkenntnis geworden ist. Ordnet der Manager aber seine Erfahrungen so, daß sie ihm als Orientierungsstränge dienen, die sein Denken wie ein Koordinatennetz durchziehen, erkennt er auch neue Probleme sofort im richtigen Zusammenhang. Seine Erfahrung ist diesfalls nicht rückbezogen, sondern aktuell und über den Einzelfall hinaus anwendbar. Je mehr er sie vom nur Tatbeständlichen gelöst hat, desto größer ist ihre Gültigkeit im Sinne von Lebenserfahrung. Und diese ist es, welche in Krisen-Situationen und Überbrückungsphasen zumeist not tut. Das Ansehen seiner früheren Leistung und die Überlegenheit, mit welcher der Manager a.D. seine neue Aufgabe angeht, sind sowohl Wegbereiter für den Erfolg des Interims wie für sein eigenes Erfolgserlebnis.

Die Lebenserfahrung des Managers a.D. unterscheidet sich zudem vom Erlebnis des in der Wirtschaft erst aufsteigenden Unternehmens-Beraters oder Stabsmannes durch größere perspektivische Sicht und längerfristigen Überblick. Nur wer menschliches und wirtschaftliches Geschehen in seinen Abläufen und Sequenzen übersieht, kann jeweils die neue Lage zutreffend abschätzen. Und nicht zuletzt fällt für die Menschenbeurteilung ins Gewicht, daß man im Laufe der Zeit Sterne hat auf- und absteigen und schließlich noch verblassen sehen, deren Leuchtkraft zu Beginn manchen zu blenden vermochte.

Bleibt die Frage nach dem optimalen Einsatz des Managers a.D. in neuer Funktion. Sicher ist es richtig, Kenner der Materie wieder in ihrem angestammten Gebiet zu aktivieren. Der ehemalige Chef einer Computerfirma kann wohl im Bereich der Datenverarbeitung und Informatik Wesentliches beisteuern, und der frühere Leiter einer Übersee-Handelsfirma mag zum Vorteil des ihm ad interim anvertrauten Unternehmens sein Fernost-Wissen nutzbar machen. Im Grunde aber ist der an der Altersgrenze abgelöste Manager — so sollte es erwartungsgemäß sein! — ein Fachmann der Führung. Er ist seiner Natur nach ein Ganzheitsfanatiker im erhärteten Wissen, daß das Ganze mehr ist als die Summe der Teile. Die Funktion des Brückenbauers, welcher zwei Ufer miteinander verbindet, ist ganz auf ihn zugeschnitten. Denn der Manager a.D. begreift die Aufgabe des Interims aus der Tiefe seiner Unternehmerseele.

5. Integratoren

Ist der Integrator eine Erfindung der Neuzeit, oder feiert ein klassischer Unternehmertypus Auferstehung? Welche Eigenschaften und Qualifikationen sind es, die eine Persönlichkeit zum »Integrator« befähigen? Was prädestiniert den Integrator zur interimistischen Unternehmensführung?

Der Integrator ist schon in seiner Ausbildung gegenüber dem auf schnelles Geldverdienen ausgehenden »Brotsackstudenten« breit und tief ausgerichtet. Oft hat er ein Doppel-Studium durchlaufen, z.B. als Ingenieur/Betriebswirtschafter, als Jurist/Nationalökonom oder als Chemiker/Diplomkaufmann. Zuweilen findet sich darunter einer, der — wie seinerzeit der Doktor Faust — auch an der Alma Mater Theologie oder Philosophie studiert hat. Denn dem Integrator-Typ geht es tatsächlich um das faustische »Erkennen, was die Welt im Innersten zusammenhält«.

In der »Manager-Zoologie« gehört der Integrator zur Spezies der Amphibien. Diese sind bekanntlich auf dem Lande ebenso beweglich wie im Wasser. Beiderorts befinden sie sich wohl. Gleicherweise fühlen sich die Amphibien-Manager durch ihre ausgeprägte »Curiosité d'esprit« zu verschiedenartigen Problem-Kreisen und Einsätzen hingezogen: Zum Entwicklungsprojekt, zur Firmensanierung, zu verantwortungsvoller Beamtung wie zu anspruchsvollen Führungsaufgaben jeder Art. Meistens haben sie ihr Führungstalent nicht nur im beruflichen, sondern auch im Freizeitbereich unter Beweis gestellt, wo sie mit großem organisatorischen Geschick in der Leitung gemeinnütziger Gesellschaften, sportlicher und kultureller Vereinigungen sowie in Verbänden anzutreffen sind. In der Schweiz — dem klassischen Land der Milizarmee —

nehmen sie meist auch Verantwortung in allen Chargen vom Unteroffizier bis zum Brigadekommandanten wahr. Gerade dieses militärische Führungsdenken, welches solchen Typen in einem Alter eingehämmert wird, wo es noch »in Fleisch und Blut« übergeht, mag ihr »Ordnungsvermögen« wesentlich mitformen: Lagebeurteilung, Abwägen der Möglichkeiten, Fassen des Entschlusses, Formulierung des Befehls, Einverlangen der Vollzugsmeldung, eigene Kontrolle und Anbringen nötiger Korrekturen bilden ein systematisches Denkmuster, das überall erfolgreich angewendet wird, wo es darum geht, situationsgerecht zu entscheiden.

Im Gegensatz zu jenen »Dauerwechslern«, die, ohne geistiges Sitzfleisch, von innerer Unruhe getrieben, ihr Leben lang »herumzigeunern«, sind die Integratoren klar denkende, zielbewußte Naturen. Sie haben eine präzise Vorstellung, wie die Welt »richtigerweise« aussehen müßte. Sie sind weniger Erfinder als ausgesprochene »Ordner«. Sie spüren instinktiv, wie die Dinge sinnvoll zurechtgerückt und integriert werden müssen. Der Integrator ist also keineswegs ein neuer »Gag« aus der unerschöpflichen Zauberkiste geschäftstüchtiger Management-Wahrsager, sondern der im Geschäftsleben bewährte Allround-Kämpfer.

Damit unterscheidet sich der Integrator grundlegend sowohl vom Generalisten wie vom Spezialisten. Denn der Generalist — so sagt das neckische Bonmot — versteht von vielem wenig, von mehr immer weniger, bis er von allem zu guter Letzt nichts weiß. Umgekehrt weiß der Spezialist von wenig viel, von noch weniger immer mehr, bis er schließlich von nichts alles weiß. Im Gegensatz zu diesen beiden »Extremisten« ist der Integrator weder im unbegrenzten Raum noch im engen Mikrokosmos beheimatet. Er hat sich vielmehr nach Ausbildung, Erfahrung und Berufserlebnis zum Universalisten entwickelt, der das Lebensgesetz und die Spielregeln vieler Welten kennt. Er hat sich in Linien- wie Stabs-Funktionen bewährt. Gelangweilt ist der Integrator nur, wenn die Dinge wieder rundlaufen. Dann packt ihn die Sehnsucht nach der Herausforderung, nach Rückkehr in die freie Wildbahn und nach neuer Selbstbewährung. Solche Männer bleiben selten in einer Hierarchie lebenslang fest verankert, wiewohl sie alle Voraussetzungen hätten, daselbst Karriere zu machen und solche vielfach auch gemacht haben. Sie bevorzugen vielmehr eine Arbeits-Umwelt, die ihnen möglichst große Bewegungsfreiheit läßt. Sie sind ansprechbar, wenn ein Führungsabenteuer lockt.

Das Integrationsdenken ist z.T. als Folge übermäßigen Spezialistentums allzu lange vernachlässigt worden. Das Nachbeben eines nur dem Sichtbaren und Beweisbaren verschriebenen Positivismus hat auch in der Wirtschaft die Ganzheitsschau verhindert. Die in der Mystik und Philosophie längst bekannte Tatsache, wonach es »mehr Dinge zwischen Himmel und Erde gibt, als unsere Schulweisheit sich träumen läßt«, mußte nach langen Irr- und Umwegen durch die »Erfinder« der Vernetzung und des Regelkreises erneut als große Entdeckung ans Tageslicht gebracht werden. Erst in jüngster Zeit wird im Bestreben, Ökonomie und Ökologie zu harmonisieren, wiederum das »Zueinander in Beziehung setzen« angestrebt. Dieses Verständnis für das Ganze ist es, das den Integrator charakterisiert.

Schon vom beruflichen Leitbild her tritt er unter anderen Vorzeichen das Interim an als der professionelle Sanierer und Troubleshooter auf Zeit. Wie lange er interimistisch im Amt bleibt, läßt er offen. Sicher ist jedoch, daß er seinen Posten erst verläßt, wenn alles im Lot ist. Er hinterläßt nicht einen Strauß wohlgemeinter Empfehlungen, welche erst noch zu verwirklichen sind, um das Unternehmen in Schwung zu bringen. Sein Interim ist insofern ein in sich abgeschlossenes Ganzes, auf dem hernach weitergebaut werden kann.

So entspricht die Laufbahn und das Wirken von Dr. Markus Rauh ganz dem »Anforderungsprofil« (Fachjargon des Personalberaters!) eines Integrators. In der Ausbildung fühlte er sich zunächst zur Architektur hingezogen, ergriff dann aber das Ingenieur-Studium. Mit der Silbermedaille der Eidgenössischen Technischen Hochschule ausgezeichnet und als erfolgreicher USA-Stipendiat hat er bewußt ganz unten als Verkäufer bei Sperry Univac angefangen, um zu wissen, wie der Kunde denkt. An seinem zweiten Arbeitsplatz bei Philips Data Systems hatte Dr. Rauh ein Unternehmen zu kurieren. Dazu seine Feststellung: »Ein Manager muß gar kein Artist sein, sondern ein guter Handwerker, aber einer, der genau weiß, was zu tun ist« (SHZ, Nr. 10, 10. März 1988). Nach effektvoller Strukturierung der Firma Felten und Guillaume, dem traditionsreichen Kölner Kabelproduzenten, hat Rauh die ihm anvertraute »Philips Kommunikations Industrie AG (PKI)« mit guter Rendite in die Wachstumszone geführt. Doch war es schließlich wiederum eine neue, schwere Aufgabe, deren Übernahme ihn gelockt hat: Die Führung der Wild-Leitz in der Schweiz. Bezeichnenderweise erschöpft sich das Wirken von Dr. Rauh nicht im unternehmerischen Rahmen. So befaßt er sich mit Problemen der Bildung des europäischen Binnenmarktes, wie er auch im Vorstand des Zentralverbandes der deutschen elektronischen Industrie Zeichen gesetzt hat. Rauh bekleidet als Major auch in der Schweizer Armee eine Führungsposition.

Charakteristischerweise finden sich keine messingenen Firmen-Tafeln, welche mit der Aufschrift »Integrator« den Eingang eines Bürogebäudes zieren. Der Integrator aktiviert diese seine Hauptstärke des Verbindens, Eingliederns und Zusammenfügens paradoxerweise meist nur als »Nebenprodukt« eines klassischen Berufes, etwa als Industrie-Anwalt, als Financier oder als Wirtschaftsberater. Auch hier gilt eben: An ihren Früchten sollt ihr sie erkennen!

Mit einem gestandenen Integrator im Bunde mag die durch plötzlichen Tod des Firmenchefs oder durch andere, unvorhersehbare Ereignisse im Unternehmen entstandene Krise interimistisch erfolgreich gemeistert werden. Der Integrator kommt eben nicht nur als der von der Organisationsfirma ad hoc delegierte »Notfallarzt«, sondern als der Helfer in der Not. Er praktiziert die Rettung nicht für die Firma, sondern durch die Firma selbst, in die er auch seine Person, zusammen mit allen anderen, die einen Beitrag leisten können, integriert. Im Unternehmen wird er »einer der unsern«.

Damit ergibt sich aber auch aus der zeitweiligen Führungstätigkeit des Integrators die echte Chance für das Unternehmen, daß er sich — wie so mancher Kapitän — seinerseits in das Schiff »verliebt«, das er erfolgreich durch den Sturm navigiert hat. Denn das beglückende Erlebnis schafft für den schöpferischen Menschen eine starke und dauerhafte Bindung zum Wirkungskreis, in welchem es stattgefunden hat. Weil der Integrator typologisch auch nicht der Mann ist, der sich in ruhigen Gewässern wohl fühlt und den es reizt, immer wieder zu neuen Ufern aufzubrechen, bestehen in seiner Regierungszeit besonders gute Voraussetzungen, in bisher unangetastete Märkte, andere Produktlinien und vielversprechende Branchen vorzustoßen. Dann übt er die Kunst des Integrierens eben nicht mehr nur unternehmens-intern, sondern auch nach außen durch geschickte Übernahmen, Fusionen und »Joint Ventures« aus. Im Rückblick ist dann seine Ära durch beachtliche Wachstumsschübe und eine zielbewußt geführte Expansionspolitik gekennzeichnet. So wird der Integrator, der seine Aufgabe zu Beginn »nur« als Manager auf Zeit angetreten hatte, zu einem eigentlichen Firmen-Baumeister und »Mehrer des Reiches«.

6. Berufsmäßige Interimisten

Neben demjenigen, welcher als Interimist berufen wird, und jenem, der dieses Amt aus Berufung ergreift, steht als Dritter der berufsmäßige Interimist. Denn das interimistische Überbrücken unvorhergesehener Vakanzen entspricht der im Wirtschaftsleben zunehmenden Notwendigkeit.

Deshalb haben es verschiedene Firmen — allerdings mit ungleicher Schwerpunktsetzung — zum Ziel, diesen Bedarf geschäftsmäßig zu decken. Während die einen ihr Tätigkeitsfeld auf der Ebene direktoraler Unternehmensführung sehen, befassen sich andere mit dem Mittelfeld der Kaderleute und Vorgesetzten und wieder andere mit dem »Fußvolk«. Alle jedoch machen sich stark, das Problem des Personalbedarfs interimistisch zu lösen.

Wie dem Integrator ist auch dem berufsmäßigen »Manager auf Zeit« der Beruf des Interimisten nicht in die Wiege gelegt worden. Wer dieses Métier ausübt, hat es in der Schule des Lebens erlernt. Frauen und Männer, welche den Dienst des berufsmäßigen Interimisten verrichten, sind in diese Rolle »hineingewachsen«. Doch ist es für den, welcher berufsmäßig Interimist sein will, nicht immer einfach, ein zusagendes Tätigkeitsfeld zu finden, wie es oft große Mühe macht, den geeigneten Interimisten aufzutreiben. Von dieser Problematik leben der Personalberater und die Vermittlerfirmen. Meistens sogar gut.

In der »Vermittlung auf Zeit« von Büroangestellten und den in der Dienstleistung Beschäftigten steht die Dauer der zu überbrückenden Zeit im Vordergrund. So werden z.B. Büropersonal, Außendienstleute oder Disponenten für die Frist von Monaten gesucht. Die Personalbeschaffungsfirma geht diesfalls von einem festen »Anforderungsprofil« aus. Dabei erhärtet sich die alte Erfahrung, daß in unteren Stufen der Mitarbeiter gemäß Stellenbeschreibung auszuwählen ist, wogegen in höheren Rängen die Stelle nach Talent und Fähigkeit des Kandidaten gestaltet werden soll.

Auch der Kontakt zwischen dem berufsmäßigen Interimisten und dem Unternehmen mit Vakanz hat »stufengerecht« zu erfolgen. Während z.B. der Rentner, welcher noch gelegentlich als Magaziner arbeiten möchte, nichts einzuwenden hat, durch den Vermittler ohne Umschweife dem potentiellen Arbeitgeber »angeboten« zu werden, wollen qualifizierte Spezialisten und Kaderleute »diskreter« ins Interim eingefädelt werden. Hier wird eben die Zusammenarbeit weniger nach dem »Zeugnis« als nach dem gegenseitigen (!) persönlichen Eindruck vereinbart. Und gar Manager oder Unternehmensführer — selbst wenn ihnen ein Vertragsabschluß unter den Nägeln brennt! — wollen mit gutem Grunde nicht auf dem »Personalmarkt« zur Schau gestellt werden. Denn einerseits könnte dadurch ihre Verhandlungsposition sich verschlechtern und anderseits ihr gesellschaftliches Prestige leiden. Deshalb meiden Top-Leute auch den Weg des Selbstinserates, das dem allfälligen, noch anonym bleibenden Partner bereits die eigenen Karten aufdeckt. Auf dieser Stufe gehört ein gewisses — dem Balz-Spiel im Tierreich vergleichbares — Ritual nun eben einmal dazu. In dieser Prozedur beweist die Personalvermittlungsagentur ihre Daseinsberechtigung.

So weist die Firma ADIA Interim, ein schweizerisches Unternehmen, weltweit in der Branche die Nr. 2, im breiten Feld des »Grundpersonals« in der Personalvermittlungs-Branche ein besonders starkes Wachstum auf. Sie ist an der Basis der Mitarbeiter-

Pyramide mit großem Erfolg in allen Berufen tätig. In zeitgemäßer Erkenntnis des gleicherweise auf Arbeitgeber- und Arbeitnehmerseite bestehenden Bedürfnisses hat sie die interimistische Besetzung offener Stellen professionell organisiert. Aus ihrer Werbung stammt der eingängige Slogan: »Ich temporäre, Du temporärst, er temporärt . . .«. ADIA verspricht, den richtigen Mitarbeiter an den richtigen Platz zu bringen und steht dafür ein, daß dieser vom ersten Tag an einsatzfähig ist, was bei »Standard-Berufen« auch durchaus möglich sein sollte. ADIA macht sich stark, in jedem Fall mit einer »Übergangslösung« helfen zu können.

Dabei ist in den letzten Jahren ein deutliches Übergewicht der Aufträge festzustellen, bei denen der gezielte und geplante Temporär-Einsatz als Bestandteil einer flexiblen Personalpolitik praktiziert wird, um die Auslastungsschwankungen der Betriebe und Verwaltungen zu überbrücken. Damit können die Personalkosten so tief wie möglich gehalten werden. Denn obwohl die Lohnkosten nach dem Lehrbuch »variable Kosten« sind, wird trotzdem kein sozialdenkendes, verantwortungsbewußtes Unternehmen seine Belegschaft stets entsprechend dem Auftragsbestand vermehren oder verringen. So erfüllt die interimistische Personalbeschaffung an der Basis durch ein jederzeit einsatzfähiges »Arbeitskraft-Potential« zugleich die volkswirtschaftlich bedeutungsvolle Aufgabe einer konjunkturellen und saisonalen Federung. Diese zielt zwar nicht direkt auf eine krisenhafte Situation im Management selbst, kann jedoch wesentlich dazu beitragen, eine solche zu vermeiden.

Je vielschichtiger und komplexer aber die offene Stelle ist, desto differenzierter ist bei deren interimistischer Besetzung vorzugehen. In diesem Bereich kann die bloße Gegenüberstellung von Anforderungsprofil und Leistungsausweis als Auswahlkriterium nicht mehr genügen. Hier kommt der Persönlichkeitswertung wesentlich größere Bedeutung zu. Deshalb haben es sich auch in dieser Sparte Beratungsfirmen zum Ziel gesetzt, Abhilfe zu schaffen, wobei sie sich die Tatsache zu nutze machen, daß der Bestand an qualifizierten Top-Spezialisten und Managern zunimmt, die sich in einen freiberuflichen Einsatz als Projektleiter, Krisen- oder Linienmanager für anforderungsvolle unternehmerische »Aufgaben auf Zeit« zur Verfügung stellen.

Demgemäß vermittelt in diesem wichtigen Mittelfeld der Spezialisten, Key-men und Vorgesetzten bis zu den obersten Rängen der Unternehmens-Hierarchie — neben ähnlichen Beratungsfirmen — die BRAINFORCE AG in Zürich Führungskräfte auf Zeit. Dazu führt ihre Firmenbroschüre aus: »Ob es sich dabei im einzelnen um überraschende Vakanzen, um personell bedingte Krisensituationen oder um die Realisierung dringender, für die Unternehmenszukunft entscheidender Projekte handelt — der gemeinsame Nenner dieser Aufgaben ist meist der, daß möglichst ohne Verzug ein kompetenter Mann gefunden werden muß, der die entsprechende Funktion innert kürzester Zeit übernehmen kann«. Dabei geht sie von der Feststellung aus, daß es kaum Führungsaufgaben gibt, die nicht auf Zeit von einem hochqualifizierten BRAINFORCE-Mitarbeiter wahrgenommen werden können — unabhängig von Branche und Unternehmungsgröße, ob im technischen oder kaufmännischen Bereich, im General-Management oder in den Linienfunktionen, ob im In- oder Ausland.

Im besonderen hat BRAINFORCE die »Lücke«, die »Verstärkung«, den »Sanierer«, den »Coach«, den »Spezialisten« und den »Statthalter« im Visier. Um solcher bedarfsmäßigen Auffächerung zu genügen, erklärt BRAINFORCE, über hochqualifizierte Führungskräfte und Spezialisten rasch zu verfügen und diese auf Zeit einsetzen zu können. Aus dem Reservoir ihrer Mitarbeiter nennt sie neben den bekannten Interimisten-Typen den nach erfolgreicher Auslandstätigkeit aus familiären Gründen in seine Heimat Zurückkehrenden. Ebenso empfiehlt sie den »Internationalen«, welcher zwischenzeitlich seine Sprach- und Länderkenntnisse verwerten will.

Auf der obersten Führungsebene ist in jüngster Zeit in der schnelllebigen Wirtschaft der Bedarf an rasch einsatzbereiten Interimisten gestiegen. Andererseits suchen qualifizierte Spitzenleute zufolge der bekannten Wechselfälle in der Unternehmenswelt (Fusion, Betriebsschließung usw.) neue Aufgaben. Die beidseitigen Erwartungen in dieser Höhenlage in Einklang zu bringen, haben sich weitere Vermittler zum Ziel gesetzt. Dafür ist die vorab in den Niederlanden, aber auch weltweit tätige BCG Interimmanagement B.V., Amsterdam, im Ausland unter der Firma Executive Interim Management (E.I.M.) aktiv, ein Beispiel. Für die Erfüllung der Zielsetzung dieser Beratungsfirma, welche primär nicht für personelle Lücken Abhilfe schaffen will, sondern Gesamtlösungen erarbeitet, bietet allein schon die Zusammensetzung der Inhaberschaft von BCG beste Voraussetzungen. Mit von der Partie sind neben der Gründerfirma Boer und Croon auch Egon Zehnder und Partner, eine der größten und erfolgreichsten internationalen Executive Search Firmen sowie Euroventures, ein Venture-Capital-Unternehmen der Round Table of European Industrialists, einem europäischen Netzwerk von Venture Capital Unternehmen (geführt u.a. durch Exponenten von Philips, Olivetti und Volvo).

Bezeichnenderweise stand am Anfang der BCG Ende der siebziger Jahre die Erkenntnis, daß es nicht genügt, Firmen in Krisensituationen richtig zu beraten, sondern daß es ebenso darauf ankommt, eine rasche und kompetente Ausführung der vorgeschlagenen Lösung sicherzustellen. Denn weil das Management entweder durch den Krisenfall eben nicht mehr vorhanden ist oder die

Eigentümer ihr Vertrauen in die Unternehmensführung verloren haben, tut rechtzeitiges und entschlossenes Handeln not. Nachdem damals Boer & Croon mehrere umfangreiche »turn-arounds« durchgeführt hatte, beschloß sie deshalb die Gründung einer Vermittlungsfirma für Interim-Management.

Inzwischen ist BCG/EIM in den Niederlanden das größte Unternehmen dieser Art mit etwa 50 Einsatzmanagern geworden. Doch während ursprünglich kleine und mittlere Betriebe anvisiert wurden, sind heute auch Großfirmen und Konzerne an diesem »Management-Instrument« interessiert, um dadurch mehr Flexibilität in ihr Management zu erhalten. Denn Executive Interim Management macht sich stark, den multinationalen Konzernen gewissermaßen eine »Steuerung auf Distanz« zu ermöglichen, indem Krisensituationen in der Geschäftsführung einer nationalen Gesellschaft durch die dortige E.I.M.-Niederlassung gemeistert werden können.

In der Methodik von E.I.M. bestehen wesentliche Unterschiede zur üblichen Arbeitsweise anderer Unternehmen für Zeitarbeit: E.I.M. läßt es nicht bei der Vermittlung von Spitzenkräften bewenden, sondern übernimmt auch die völlige Verantwortung für die operationelle Führung der von ihr vermittelten Manager. Ebenso erklärt E.I.M. sich verantwortlich für die Kontinuität der Führung, indem sie unverzüglich für Ersatz sorgt, wenn ihr Interim-Manager wegen Krankheit oder anderer Ursachen ausfällt. Auch werden bei jedem Auftrag meßbare Ziele formuliert, die am Ende des Interims erreicht sein müssen, eine entscheidende Voraussetzung, um das Interim erfolgreich zu gestalten. Sodann findet zum Vergleich von Fortschritt und Zielsetzung einmal im Monat ein Gespräch mit dem Auftraggeber, meistens mit dem Aufsichtsrat, statt. Schließlich beaufsichtigt EIM den Interim-Manager, berät ihn und unterstützt ihn nötigenfalls, wobei diesem auch die verschiedenen »Wissens-Ressourcen« der E.I.M. zur Verfügung stehen.

Dementsprechend stellt E.I.M. an den Interim-Manager besondere Bedingungen und hohe Qualitätsanforderungen. So darf der Interimist z.B. gemäß Vertrag nicht bei der ihm vermittelten Firma bleiben, damit er seine Aufgabe »neutral« und sachgemäß erfüllt. Allerdings mag sich hier die Betriebsverliebtheit, wie dies auch bei anderen Verliebtheiten der Fall ist, gelegentlich stärker erweisen als die vertragliche Bindung. Aus Gründen der Qualitätssicherheit hält E.I.M. eine große Auswahl von Interimisten bereit, um in jedem Fall den richtigen Mann präsentieren zu können. So finden sich neben den bekannten Interimisten-Typen im Register der E.I.M. als Manager auf Zeit auch solche, welche »between jobs« sind. Gerade in dieser Gruppe ist erfahrungsgemäß eine Vielzahl hochwertiger und fähiger Persönlichkeiten. Im Anforderungsprofil, nach welchem E.I.M. den Kandidaten mißt, figurieren neben »Mut« und »guter Gesundheit« noch zwei ebenso originell wie beispielhaft formulierte Kriterien: »Denker auf lange und Ausführer auf kurze Sicht«.

Was die Dauer des Interims anbelangt, wird ein solches nach Erfahrung von E.I.M. in der Regel auf etwa sechs bis neun Monate veranschlagt, wobei jedoch die Tendenz zu längerer Dauer besteht. Infolge der außerordentlichen beruflichen, psychischen und moralischen Anforderungen ist gemäß Meinung der E.I.M. das Interim-Management keine Arbeit, welche jemand lange Zeit professionell ausüben kann.

Der Beizug seriöser Vermittler zur Anstellung professioneller Interimisten rechtfertigt sich somit aus verschiedenen Gründen. Zunächst einmal wird das Wagnis, welches in jedem neuen Mitarbeiter steckt, durch systematische Auswahl, große Vergleichsmöglichkeit und einschlägige Erfahrung der Personalberater eingeschränkt. Auch wenn deren Unterstützung nicht ganz so uneigennützig ist wie diejenige der Polizei, »Dein Freund und Helfer«, entspricht sie offensichtlich einem aktuellen Bedürfnis der Wirtschaft und darf deshalb auch ihren Preis haben. Sodann sind für die betroffene Firma zur Gewinnung eines professionellen Interimisten Suche und Auswahl einfacher als im Alleingang und bei Anstellung des Interim-Managers die Sozialkosten tiefer. Schließlich besteht die Chance, dank der eingeschalteten Agentur schneller über einen »in Wartestellung« befindlichen qualifizierten Interimisten zu verfügen, als wenn ein kapitaler Hirsch durch die eigenen Jäger erst in freier Wildbahn aufgespürt werden muß.

Aber auch dann, wenn das Interim durch Vermittlung des Personalberaters mit einem berufsmäßigen »Manager auf Zeit« besetzt werden soll, kann sich die oberste Firmenleitung durch solche Berufung von einem persönlichen Engagement nicht dispensieren. Charismatische Menschenführer, welche die ihnen anvertraute Truppe mitreißend zu neuen Bestimmungen geleiten sollen, können nicht wie Konfektionsanzüge von der Stange gekauft werden. Zwar bietet der Personalberater in der Bereitstellung berufsmäßiger Interimisten wertvolle Hilfe. Doch ist eine sorgfältige Abstimmung zwischen der obersten Firmenleitung und dem Berufs-Interimisten unerläßlich, wenn das Management auf Zeit erfolgreich sein soll.

Wegkreuz des Interims

1. Standpunkte

Dramatisch wird die Szene dann, wenn die Kräfte im Interim aufeinanderprallen. Gute Erziehung, angeborener Anstand und Fairneß sind das eine, Durchsetzungswille, Selbstbehauptung und Rücksichtslosigkeit das andere. Wie immer, wenn es hart auf hart geht — und das Ringen um die Macht ist gerade im Interim oft eine harte Sache! — ist jeder sich selbst der Nächste. Im Kampf ums Dasein feiert der Darwinismus auch in der Wirtschaft Urstand.

Wo das Interim mangels »obrigkeitlicher« Anordnung alle Möglichkeiten offen zu lassen scheint, ergibt sich daraus leicht eine ungeklärte Lage. Diese entsteht weniger aus organisatorischen Gründen, sondern vielmehr durch die psychologische Konstellation. Denn entgegen der landläufigen Meinung, wonach es während des »Interims« beim Status quo bleibe, ändert sich — wie die Erfahrung zeigt — während dieser »vorläufigen Regelung« unter Umständen sehr viel, und zwar nicht nur von der Umwelt her (Markt, Konjunktur), sondern auch durch die zwangsläufige Verschiebung der firmen-internen Machtverhältnisse.

Vier Hauptdarsteller stehen nämlich in der interimistischen Nachfolgeprozedur als »Verkehrsteilnehmer« am selben Wegkreuz: Der vorläufig regierende Interimist, die »Raffer«, die »Abwarter« und der designierte Nachfolger. Alle gehen von unterschiedlichen Standpunkten, Interessen und Lagebeurteilungen aus. Aber für jeden einzelnen ist es charakteristisch, daß er in seinen Überlegungen auf die drei anderen Bedacht nehmen muß. Der Erfolg des Interims hängt deshalb nicht zuletzt vom Verhalten der sich am Wegkreuz des Interims Begegnenden ab und von der Harmonisierung ihrer Zielsetzung.

An diesem Schnittpunkt zeigt sich besonders anschaulich, daß die Erkenntnisse der Organisationslehre und der Betriebswirtschaft dort zu Ende sind, wo das Menschliche und Allzumenschliche beginnt. War lange Zeit in der inneren Unternehmens-Gestaltung die Logik der Leitstern und die Vernunft das einzige Wertmaß, wird in jüngster Zeit mit gutem Grunde dem von der Wissenschaft so oft geschmähten Gefühl sein angemessener Platz eingeräumt. Weder die »Modellschreiner« noch die Betriebspsychologen kommen an der Tatsache vorbei, daß eben jeder ausrechnet, welche Chancen und Risiken für ihn selbst im Interim liegen, weshalb es sich dementsprechend verhält. Dagegen ist nichts einzuwenden, solange in der Wahrung der eigenen Interessen auch diejenigen der anderen gebührend respektiert werden. Doch schließlich kann keiner aus seiner Haut.

Deshalb spielen sich am Wegkreuz des Interims oft die gleichen Szenen ab wie auf jedem anderen Straßenkreuz, wo Verkehrsteilnehmer in Stoßzeiten aufeinanderprallen, mögen die unternehmerischen Verkehrsampeln noch so sehr in allen Farben leuchten und blinken. Denn auch hier sind es dieselben Regungen wie auf der Straße, welche das Bild prägen: Angst, im Gewühl unter die Räder zu kommen, Besorgnis über mögliches Zuspätsein, aufgestaute Aggressionen, Mißachtung des Vortrittsrechtes sowie anderer bewährter Verkehrsregeln. Schließlich, aber nicht zuletzt, ist es der allzeit bereite Egoismus, welcher Zusammenstöße und Sachschaden verursacht.

In dieser Lage zeigt sich, was die oberste Unternehmensleitung vermag. Läßt sie während des Interims den Dingen ihren Lauf, mit dem Risiko eines Verkehrszusammenbruchs? Klammert sie sich trotz wechselnder Verkehrs-Dichte an die ein für allemal festgelegten Verkehrsregeln? Oder steht sie wie der Fels in der Brandung und zeigt entsprechend der jeweiligen Lage den von allen

Seiten Drängenden die Richtung? Jedenfalls ist sie gut beraten, wenn sie sich Rechenschaft gibt über die psychologische Wirkung des Interims auf jeden einzelnen Verkehrsteilnehmer. Deshalb ist die Instruktion, die dem Interimisten mit auf den Weg gegeben wird, für dessen Verkehrsverhalten mitentscheidend. Gleicherweise vermag die begründete Regierungserklärung des Interimisten in der Führungsmannschaft gewisse Kräfte in Gang zu setzen oder nötigenfalls zu zügeln und damit den Verkehr am Wegkreuz des Interims zu ordnen.

2. Interimist

Der Held des Dramas, der Interimist, erscheint auf dem Straßenkreuz des Interims, im angenehmen Bewußtsein, allen anderen gegenüber das Vortrittsrecht zu besitzen. Wie er davon Gebrauch
macht, hängt von seiner Lagebeurteilung, seinem Einfühlungsvermögen, seiner Erziehung und seinem diplomatischen Geschick
ab. Selbstverständlich kann er das Vortrittsrecht erzwingen, doch
muß er dabei bedenken, daß schon mancher — obschon er im
Recht war — auf diese Weise Karambolage verursacht und dabei
sogar selbst Schaden genommen hat. Grundsätzlich ist das Verkehrsverhalten des Interimisten durch seine Aufgabe und Zielsetzung vorgezeichnet. Wie diese verwirklicht werden, läßt den Ty-
pus des Interimisten erkennen.

Der Olympier wird sich in seiner Bewegungsfreiheit kaum durch
die anderen Straßenbenützer stören lassen; denn er ist gewohnt,
daß man ihm Platz macht (sonst wäre er kein Olympier!). Dadurch, daß bei seinem Auftreten die anderen ohne weiteres zur
Seite rücken, schafft er schon auf seine Art Ordnung.

Der Aufsteiger im Hause hat theoretisch dieselben Kompetenzen
wie jeder andere Interimist. Doch er geht mit größerer Vorsicht zu
Werke, befindet er sich doch selbst gewissermaßen auf dem Prüf-
stand. Zwar hat er Ordnung zu schaffen, das Schiff auf Kurs zu
bringen und Dampf aufzusetzen, aber er sollte keinesfalls Porzel-
lan zerschlagen! Tatsächlich tut er gut daran, behutsam vorzugehen. Auch muß er sich bewußt bleiben, daß paradoxerweise das
Wort eines Außenseiters bei der obersten Firmenleitung mehr gilt
als die Meinung des im Hause Großgewordenen, den man noch
als Lehrling gekannt hat. Deshalb ist es nicht nur Feigheit und

101

mangelnde Durchsetzungskraft, wenn der Aufsteiger gewisse Leute auf dem Straßenkreuz schont, besonders, wenn diese »einen Onkel im Vatikan« haben.

Anders hält er es gegenüber dem potentiellen Nachfolger. Ist dieser bereits bestimmt und wartet am Straßenkreuz, oder werden Namen eines Anwärters an der Gerüchtebörse gehandelt, wird er alles tun, um seine eigene Position während der ihm eingeräumten Zeit zu zementieren. Dann werden — so hofft er — die Königsmacher später vor einem erneuten Chef-Wechsel zurückschrecken. Steht aber noch niemand zur Wahl, wird er sich nach allen Seiten so etablieren, daß seine Ablösung überhaupt nicht mehr erwogen wird. Denn zutiefst in seinem Herzen hat er sich vorgenommen, sein Provisorium zum Definitivum zu machen.

Wie findet sich der als Interimist berufene Manager a.D. im Verkehrsgetümmel des Straßenkreuzes zurecht? Riskiert er, der doch schon in einem vorgerückten Alter steht, von den jungen Draufgängern überfahren zu werden? Fühlt er sich etwa im Wissen um den hinter ihm herkommenden Nachfolger in seiner Gangart gehemmt? Wäre dem so, so wären die ehemaligen Manager in Interims-Funktion verschwindende Seltenheiten, was jedoch durch die Tatsachen widerlegt wird. Ihre Stärke ist es doch gerade, nicht mehr zu erschrecken, wenn ihnen jemand »an den Wagen fährt«. Ihre Erfahrung und Überlegenheit läßt sie ruhig Blut bewahren, wo andere Verkehrsteilnehmer gestikulierend die Nerven verlieren. Der Manager a.D. hat längst gelernt, auch mit störrischen und unberechenbaren Weggenossen zu kutschieren. Und wie die Geschichte beweist, verläßt er auch nicht unter chaotischen Umständen seine Spur.

Der von außen gerufene Integrator, gleicherweise der professionelle Interimist, mustert das Verkehrsgeschehen zunächst aus einem sachlichen Gesichtswinkel. Weder läßt er sich vom Auftraggeber »scharf machen« und drängen, noch tritt er mit persönlichen Vorurteilen an. Primär geht es ihm darum, strategische Ziele mit entsprechenden Prioritäten zu setzen. Dadurch tritt im Zusammenwirken aller Beteiligten bereits eine gewisse Ordnung ein. Dabei wird er seine Meinung den Vorstellungen der an Schlüsselpositionen Stehenden gegenüberstellen. Denn auf diese Weise sind mitunter beachtliche Perlen im Papierschutt »wohlwollender Prüfungsinstanzen« zu finden. Seine Unvoreingenommenheit macht es ihm möglich, Tabus, welche die Verkehrsabwicklung blockieren, aus dem Wege zu räumen. Schließlich ist er in der glücklichen Lage, auch unverblümt die Empfehlung abzugeben, daß dieser oder jener »aus dem Verkehr zu ziehen« ist.

Wie immer der Interimist die Gefahren des Wegkreuzes meistert, würden die von ihm gestaltete Firmenstruktur und Organisation doch Luftschlössern gleichen, nähme er nicht Rücksicht auf die Talente, das Können, die Belastbarkeit, aber auch auf das Selbstwertgefühl der übrigen Verkehrsteilnehmer. Kraft seiner Stellung hat er es auch nicht nötig, sich mit dem einen oder anderen zu »arrangieren«, um regieren zu können. Denn sein Rückhalt ist der Auftrag der obersten Geschäftsleitung. An dessen Erfüllung wird er gemessen. Auch hat er das nötige Gewicht, die Anstellung von Spitzenkräften mit entsprechendem Salär zur Sicherung des angestrebten Erfolgs durchzusetzen.

Keinesfalls darf sich der Interimist in eine Lage manövrieren lassen, wo alle gegen ihn stehen und er sich einer einheitlichen Abwehrfront der Altgedienten gegenübersieht, will er sich nicht den Ruf eines schlechten Psychologen und mangelnder Einfühlung einhandeln. Wenn er nicht darum herumkommt, einzelne Exponenten auszuwechseln und sich mit Leuten seines Vertrauens zu umgeben, so hat er dabei unter allen Umständen das Odium eines »Rausschmeißers« und »Job-Killers« zu vermeiden. Denn in interimistischen Lagen liegt immer die Gefahr einer Palastrevolution. Auch Michael Gorbatschow, der doch bereits als gewählter Parteisekretär sich im Sattel sicher zu fühlen glaubte, mußte einen Rückzieher machen, als Jelzin, der Parteibonze von Moskau, allzu forsch mit Glasnost und Perestroika voranging. Meistens lohnt sich die Geduld des Interimisten, indem einerseits seine Leistung die Zweifler bekehrt und andererseits dem einen oder anderen »Widerstandskämpfer« aus Altersgründen ein verfrühter Abgang zuteil wird.

3. Raffer

Für die Raffer kommt die Verkündung des Interims dem Startschuß zur Selbstbedienung gleich. »Jetzt oder nie«, läßt sich ihr Konzept umschreiben, womit sie während des Interims soviel Kompetenzen und Vorteile wie möglich an sich zu raffen suchen. Unter diesen Raffern sind auch jene Typen vertreten, welche selbst auf die nunmehr durch einen anderen interimistisch besetzte Position spekuliert haben. Aus irgendwelchen Gründen ist ihnen diese vorenthalten worden, vielleicht gerade deshalb, um sie während des Interims besser auf Herz und Nieren zu prüfen. Für sie erweist sich ihr Raffertum in jedem Falle als zweckmäßig. Bleibt nämlich der ihnen Vorgezogene auch nach dem Interim auf dem Thron, so hat sich ihr Fischzug doch insofern gelohnt, als ihr Vorgesetzter dann zumindest moralisch an seine Zugeständnisse gebunden ist. Wird dieser aber nach dem Interim durch einen anderen Machthaber ersetzt, kann dieser die Konzessionen seines Vorgängers zwar widerrufen, wird dies jedoch nur ungern tun, um sich leitende Mitarbeiter nicht sofort zum Feind zu machen. Duldet er aber die vom Interimisten eingeräumten Vergünstigungen, sind diese bald nicht mehr rückgängig zu machen.

Also benützt der Raffer die für jeden neuen Kommandanten zu Beginn seiner Funktionsübernahme kritische Situation. Mit scheinheiliger Miene erklärt er, zu seinem Bedauern eine ohne sein Zutun an ihn herangetragene, lockende Offerte unverzüglich beantworten zu müssen. Eigentlich stehe im Hinblick auf das dort viel größere Aktionsfeld mit entsprechend höherem Salär sein Entschluß schon fest, es sei denn, daß hier seinem Bereich auch das X-Ressort angegliedert und Herr Y ihm unmittelbar unterstellt werde. Wenn er auch mit seiner Forderung nicht vollumfänglich durchdringt, hat er doch eine gute Chance, wenigstens einen Teilerfolg einzuheimsen.

Ein beliebter Schachzug der Raffer ist auch die Berufung auf angebliche Versprechungen des leider verstorbenen Amtsvorgängers des Interimisten. Und da die Rückfrage bei Toten nichts einbringt, fühlt sich der Interimist fairerweise gebunden, den Wunsch des Bittstellers zu erfüllen. Insbesondere wird der persönliche Anstellungsvertrag solchenfalls von den Raffern mit dem Hinweis vorgelegt, daß seinerzeit eine Vertragsverlängerung bei entsprechender Leistung vereinbart worden sei, eine Voraussetzung, die nunmehr als erfüllt betrachtet werden müsse. Damit bestehen gute Chancen, auch diesen Vorteil zu ergattern, der sich sicher zum eigenen, nicht aber notwendigerweise auch zum Nutzen der Firma auswirkt.

Sofern es dem Raffer nicht gelingt, in einem »Aufwasch« mit der Vertragsverlängerung gleich auch eine Salärerhöhung durchzudrücken, wird er diese Materie auftischen, sobald die Tinte der getroffenen Anstellungsvereinbarung einigermaßen trocken ist. Hierbei gibt er sich als versierter Experte in Salärvergleichen zu erkennen. Nicht nur stellt er die Gehälter der Firmen-Kollegen dem eigenen, nach seiner ausführlich begründeten Meinung viel zu tiefen Einkommen gegenüber, sondern er weist auch auf die unverkennbare, zu seinen Ungunsten bestehende Diskrepanz hin, welche zwischen der Einschätzung seiner hierarchischen Position mit deren Einstufung gemäß Erhebungen von Banken und Forschungsinstituten besteht.

Sinnen und Trachten der Raffer gilt eben nicht der Stärkung des Unternehmens, sondern ihrer eigenen Position. Deshalb verteidigen sie auf alle Zeiten die dem Interimisten abgehandelten oder abgetrotzten Privilegien durch dick und dünn. Auch dringen die Raffer darauf, die durch sie geschaffene Praxis im Organigramm zu fixieren und im Firmen-Manual zu kodifizieren oder noch besser gleich in den Marmor des Unternehmens-Credos zu meißeln.

Denn sie haben sich gut gemerkt, daß bei beharrlichem Festhalten eine Gewohnheit zum Recht wird, sogar auch eine schlechte Gewohnheit.

Am Straßenkreuz des Interims sind es vor allem die Raffer, welche den besser berechtigten Verkehrsteilnehmern das Vortrittsrecht streitig machen. Rot-Licht bedeutet für sie kein Hindernis, sondern vielmehr das Signal, forsch draufloszufahren; denn dadurch bringen sie die auf der gleichen Spur Befindlichen sofort in Rückstand. Blechschaden wird — wie der Anpfiff des Verkehrspolizisten — bei solchem selbstsüchtigen Vorpreschen in Kauf genommen. Und was auf der Straße das Horn-Signal einbringt, bewirkt in der Diskussion der Stimmaufwand nach der stets bewährten Devise »in doubt sing loud!«

Obwohl die unstillbare Besitzgier des Raffers dem Interimisten im höchsten Maße auf die Nerven geht und er diesen am liebsten zum Teufel jagen würde, erheischt die im Verkehr gebotene Vorsicht, den stürmischen Draufgänger nicht abrupt zu bremsen, um nicht Auffahrkollisionen und zusätzlichen Schaden zu riskieren. Vielmehr bewährt es sich solchenfalls, den Raffer bei seinem übersteigerten Selbstwertgefühl zu behaften. »Es liegt mir daran«, erklärt ihm der Interimist mit zur Schau getragener Besorgnis, »eine so wichtige Schlüsselposition wie die Ihre durch einen kompetenten Stellvertreter abzusichern, um ruhig schlafen zu können!« Natürlich merkt der Raffer, daß er jetzt eingekreist wird, und wehrt sich mit Händen und Füßen gegen den unerwünschten Beifahrer, mit der Begründung, daß dadurch seine anderen Mitarbeiter demotiviert würden. Nachdem aber der Chef an seinem Anliegen, welchem sachlich nicht zu widersprechen ist, entschieden festhält, schlägt er schließlich in gespieltem Einverständnis eine farblose Figur aus seinem Team vor. Jetzt aber ist der Interimist am Zuge: »Als Copilot für Sie, mein Lieber, ist nur der Beste gut genug.

Diesen werde ich Ihnen suchen helfen.« Damit ist das Schicksal des Raffers, dieses rücksichtslosen Straßenrowdies und vorsätzlichen Verkehrssünders, langfristig besiegelt.

4. Abwarter

Ganz anders halten es die Abwarter. Wie der Name schon sagt, suchen diese ihr Heil im Warten, präziser: im Abwarten. Sie stehen für die Besetzung der Vakanz nicht oder noch nicht zur Wahl, müssen also in jedem Fall mit einem neuen Vorgesetzten rechnen. Doch kennen sie den Unterschied, ob ein Neuer mit allen Insignien der Macht schon endgültig inthronisiert wird oder ob vorerst »nur« ein Interimist die Bühne betritt. Solchenfalls wird es sich erst weisen, ob dieser Manager auf Zeit sich auf die Dauer behaupten kann oder ob er das Feld früher oder später räumt. Eine enge Bindung an den Interimisten enthält somit Chancen wie Risiken. Soll man sich — so fragt sich der Abwarter — vorbehaltlos für den Interimisten zum »Gefährten der ersten Stunde« machen, auf die Gefahr hin, bei dessen Abgang oder gar Scheitern als übler Opportunist gebrandmarkt zu werden?

Auf der politischen Bühne sind die Abwarter in dem von den Deutschen 1940 - 1944 besetzten Frankreich als »Attentists« zu unrühmlicher Bekanntheit gelangt, indem sie sich das Sprichwort »Tout vient à celui qui sait attendre« in einer Lage zur Lebenshaltung gemacht haben, welche nach historischem Ermessen die Züge eines Interims trug. Denn wiewohl der Ausgang des Krieges, europäische Vorherrschaft der Deutschen oder Sieg der Alliierten, nicht sicher vorauszusehen war, stand doch so oder so eine spätere Beendigung der Okkupation außer Zweifel. Während nun die Kollaboristen sich offen hinter das Vichy-Régime Pétain-Laval stellten und die Résistants sich entweder erklärtermaßen dem General de Gaulle anschlossen oder als Widerstandskämpfer im Maquis untertauchten, hielten die »Attentists« nach beiden Seiten Distanz, um erst dann Farbe zu bekennen, wenn sich der Sieg endgültig der einen oder anderen Partei zuneigen werde. So schlau dieses Lavie-

109

ren auch gedacht war, hat es den Attentisten langfristig wenig eingebracht, vielmehr hat ihnen ihre Zurückhaltung als Gesinnungslosigkeit meist die Verachtung ihrer Landsleute eingetragen.

Soll nun im Unternehmen bei Einzug eines Interimisten der karrierebewußte Executiv in solch zweifelhafter Situation à la Hausse oder à la Baisse spekulieren? Oder ist es wie an der Börse in unklaren Situationen zu halten: Abwarten, hoffend auf den Fingerzeig des bewährten Brokers oder gar auf die ebenso verpönte wie beliebte Insider-Information? Unter diesen Umständen lohnt es sich besonders, dem schon erwähnten »Onkel im Vatikan« gut zuzuhören, der in seiner Altersgeschwätzigkeit gerne aus der Schule plaudert. Auch mag ein subalterner Höfling, um sich wichtig zu machen, streng vertraulich Einblick in ein Protokoll gewähren, das dem geneigten Leser eine zutreffende Lagebeurteilung erlaubt. Anders als die Raffer, welche die unsichere Lage benützen, um ihre Ansprüche festzuschreiben, betreiben die Abwarter ihre Sache nicht offensiv, sondern warten ab, wie sich die Dinge entwickeln. Dieses Verhalten verursacht zuweilen nicht unbeträchtliche Stauungen am Straßenkreuz des Interims. Auch übertriebene Vorsicht kann den Verkehr blockieren.

Für die Abwarter geht es somit in erster Linie darum, das Interim schadlos zu überstehen, es mit niemandem zu verderben und nach allen Seiten persona grata zu sein. Also: sich nicht exponieren, sich nicht festlegen, bei der Erfindung des Pulvers aber mindestens im Nebenzimmer zugegen sein! Für sie gilt es vor allem, im rechten Augenblick an der richtigen Stelle unübersehbar, jedoch nicht zu auffällig gute Figur zu machen. Andererseits ist es für den Abwarter wichtig, einen »Leistungsausweis auf Vorrat« anzulegen. Er unterbreitet aber seine Erkenntnisse nicht in einer epochemachenden Denkschrift oder in Form weltbewegender Thesen, wie sie Martin Luther an der Schloßkirche zu Wittenberg ange-

schlagen hat. Er ist vielmehr ein Meister im Anlegen von Akten-
notizen, die er mit Fleiß und Akribie über wichtige Sitzungen er-
stellt. Diese werden so abgefaßt, daß sie später je nach Bedarf
zum Beleg eigener, zutreffender Prophetie oder aber als Belastung
des in Ungnade gefallenen Interimisten im allfälligen »Kriegsver-
brecherprozeß« zu gebrauchen sind. Dabei kommt der Abwarter
in jedem Fall ganz groß heraus.

Doch beobachten die Abwarter nicht nur den Interimisten, sondern auch die Raffer mit größter Aufmerksamkeit. Ihr Verhältnis
diesen gegenüber ist ambivalent. Sie registrieren mit Vorbedacht
den Machtzuwachs, welchen sich diese gefräßigen Reichsfürsten
vom Interimisten erraffen. Falls nämlich der Nachfolger das Rad
zurückdrehen möchte, kann dann der Abwarter, gestützt auf seine
Unterlagen und in frischer Erinnerung des Usurpations-
vorganges in gewohnt uneigennütziger Weise seine Kenntnis anbringen. Doch bleiben auch diese Petarden zunächst wohlweislich
unter Verschluß. Denn so, wie sich das Mutationen-Karussell
dreht, bestehen für die Abwarter auch Chancen, den einen oder
anderen dieser raffenden Satrapen zu beerben und sich somit in
ein schon gemachtes Bett zu legen. Solchenfalls kann der dann beförderte Abwarter gar nicht genug betonen, daß die Bereichser-
weiterung seines Vorgängers vom Interimisten als wesentliche Er-
folgsvoraussetzung bezeichnet worden ist. Das, was sich der Raffer ertrotzt hat, preist der Abwarter dann als wohlerworbenes
Recht.

In der Regel ist das Abwarten auf die Thronbesteigung des Nachfolgers ausgerichtet. Denn dies ist hier jener Punkt, mit dem —
gemäß Archimedes — die Welt aus den Angeln zu heben ist.
Kommt der neue Machthaber von außen und war bisher in der Firma unbekannt, so bleibt auch für die Abwarter vorläufig alles offen.
Sie werden sich dann — im Gegensatz zu den Raffern, welche

beim Einzug des Nachfolgers Gewehr bei Fuß stehen, zunächst einmal verbindlich verbeugen.

Indessen wird der neue Machthaber selten ein völlig unbeschriebenes Blatt sein. So, wie die Abwarter den Interimisten unablässig belauern, fahren sie auch ihre Antennen weit aus, um allfällige Signale über Person und Herkunft des Nachfolgers frühzeitig auf ihrem Bildschirm einzufangen. An Generalversammlungen, Verbandstagungen wie an gesellschaftlichen Veranstaltungen, versteht es der Abwarter, mit dem Nachfolger »ganz zufällig« in Kontakt zu kommen, aber doch so, daß es dereinst beim Handschlag an der offiziellen Vorstellung zu einem »Na, wir kennen uns ja schon!« reicht. Diesen Trumpf will sich der Abwarter vor den internen Konkurrenten sichern.

Ist der Interimist ein Prinzregent, so kann der Abwarter schon beim Kronprinzen allerlei Minen plazieren. Ohne die Loyalität zum Prinzregenten, seinem einstweiligen Vorgesetzten, scheinbar zu verletzen, versucht er bereits, nützliche Kontakte zum legitimen Nachfolger anzuspinnen. Im gelegentlichen Gespräch hört der Abwarter Meinung, Zustimmung oder Mißbilligung des Kronprinzen zu den Maßnahmen des Prinzregenten heraus. Gleicherweise spielt er dem kommenden Mann Informationen zu, die es erlauben, dessen Urteil abzuschätzen. Der Abwarter mag sich dann überlegen, ob er dieses Wissen vorerst nur sorgfältig hüten und lediglich in seinen persönlichen Entscheidungen verwerten will. Oder aber er zieht es vor, damit den Interimisten zu seinem eigenen Nutzen zu informieren oder gar zu verunsichern. In keinem Fall wird er sich aber dabei exponieren. Der Abwarter verschießt seine Pfeile während des Interims aus sicherer Deckung.

Für die Abwarter, diese geborenen Taktierer, ist jedweder Regierungswechsel Idealwetter. Dies trifft im besonderen dann zu, wenn der neue Chef zwar schon gewählt oder nominiert ist, der alte jedoch bis zur Chargenübergabe sein Amt »noch« ausübt. Das Warten, bis der Neue präsent ist, und das Abwarten seiner ersten Willensäußerung wird von vielen beinahe als Pflicht gegenüber dem bisherigen Gebieter empfunden. Die Psychologen sehen hier einen gewissen latenten Loyalitätskonflikt, in den Führungskräfte bei der Wachablösung an der Unternehmensspitze zwangsläufig hineingeraten können. Zwar verbindet sie nicht selten eine in vielen Jahren der Zusammenarbeit erhärtete Freundschaft mit dem alten Meister, wobei ihnen dessen Marotten und Begrenzungen wohlbekannt sind. Und wenn nun gar »der Neue« Schwachpunkte schon vor Amtsantritt gezielt anvisiert und kritisiert, kompliziert sich die Lage noch, indem das Gefolge »anstandshalber« und taktvollerweise den Zorn des bisherigen Herrschers wider besseres Wissen teilen sollte. Der Fall mag aber auch umgekehrt liegen, wo es den allernächsten Mitarbeitern des abtretenden Machthabers fast das Herz abdrückt, wenn vorauszusehen ist, daß der Neue gemäß der Beschwörungsformel der Heidenbekehrung über Bord werfen wird, was bisher »heilig« war: Incendi quod adorasti, adora quod incendisti! Verbrenne, was Du angebetet hast, bete an, was Du verbrannt hast!. Aus dem verständlichen Wunsche, es beiden recht zu machen, dem Alten und dem Neuen, mag sich dann eben jenes Lavieren ergeben, welches das Abwarten als Charakterschwäche erscheinen läßt.

Doch wie immer die Dinge betrachtet werden, ist es für die Mitarbeiter feststehende Tatsache, daß solchenfalls der scheidende Chef, wie der Präsident der Vereinigten Staaten von Amerika, nach der Wahl seines Nachfolgers eine »lame duck«, eine flügellahme Ente ist, von der nichts mehr zu erwarten ist. Er ist zwar Regent, aber seine Herrschaft ist nunmehr ein kraftloses Interim, denn er selbst ist sich bewußt, daß er in dieser Phase keine langfristigen Ziele mehr angehen kann, und er zweifelt selbst, ob morgen sein Wort noch gilt. Meist drehen sich deshalb die Wetterfahnen der »Getreuen« wie geölt in Richtung des Kommenden, und aller Augen sind erwartungsvoll auf den neuen Chef gerichtet. Soll in dieser besonders heiklen Verkehrsphase am Straßenkreuz des Interims das Unternehmen durch diese innere Blockierung nicht Schaden leiden, ist eine frühzeitige und verbindliche Absprache des abtretenden und des einziehenden Chefs unerläßlich, auch wenn dieser begreiflicherweise nicht vor Amtsantritt sein geistiges Pulver verschießen will.

Indessen erheischt es die Gerechtigkeit, in diesem Zusammenhang einer Sub-Spezies der Abwarter, nämlich der Krambambulisten, in ehrendem Sinne zu gedenken. Ihre Gattungsbezeichnung verdanken diese dem Hund Krambambuli, welchem Marie von Ebner-Eschenbach, stellvertretend für alle in einen Pflichtenkonflikt geratenen Chef-Begleiter, in der Weltliteratur ein Denkmal gesetzt hat: Krambambuli, ein edler Jagdhund, nach dem bekannten aromatischen Trank benannt, wird von seinem Besitzer, einem nunmehr vagabundierenden, heruntergekommenen Forstgehilfen, dem Revierjäger Hopp verkauft. Wie nun später Hopp dem ehemaligen Hundebesitzer in der Person eines Wilderers gegenübersteht, kriecht Krambambuli »bellend, den Bauch am Boden, den Körper gespannt wie eine Sehne, den Kopf erhoben, als riefe er den Himmel zum Zeugen seines Seelenschmerzes an«, seinem ersten Herrn zu. Dieser, durch die Liebkosung des Hundes behindert, reagiert zu spät und wird vom Revierförster niedergeschossen, welcher aber zu seinem eigenen ewigen Leid den Hund nicht mehr annimmt und zugrunde gehen läßt. Nicht weniger eindrücklich, als Marie von Ebner-Eschenbach den moralischen Konflikt des Hundes beschreibt, nimmt sich zuweilen der Zwiespalt aus, in welchen sich ein Führungsgehilfe durch den Chefwechsel hineingestellt sieht. Und ebenso schicksalshaft, wenn auch nicht so dramatisch wie für den armen Krambambuli, mag das Dilemma für denjenigen ausgehen, welcher zwischen Nibelungentreue zu seinem bisherigen Chef und seiner eigenen »Staatsraison« zu wählen hat. Allerdings sind die Krambambulisten unter den Abwartern eher die Ausnahme.

Für den opportunistischen Abwarter, für den Normaltyp also, besteht die latente Gefahr, es sich nach beiden Seiten zu verderben. Denn obwohl sich vieles mit Geduld erreichen läßt, ist der Wartende doch durch sein rückhaltiges Benehmen gleichzeitig auch immobilisiert, während die Entwicklung ihren Lauf nimmt. Die Zeit bleibt nicht stehen, die Umwelt ändert sich ebenfalls, und durch sein ständiges Lavieren nützt er sich ab und verliert an Glaubwürdigkeit. Somit sind auch dem Abwarter Grenzen gesetzt, weshalb die Dauer des Interims mindestens so bemessen werden sollte, daß sich ein allzulanges Abwarten nicht lohnt. Der Abwarter am Staßenkreuz des Interims wird sich dann entweder volens nolens in Bewegung setzen müssen oder er wird als dauerndes Verkehrshindernis »abgeschleppt«.

5. Nachfolger

Der Nachfolger des Interimisten, ob zum voraus bestimmt oder erst später berufen, erscheint am Straßenkreuz in der Regel mit gewissen Vorstellungen über das, was ihn dort erwartet. Vielleicht ist er offiziell durch den Verwaltungsrat oder den Interimisten selbst, im anderen Falle inoffiziell durch die Abwarter unterrichtet. Und wenn er hellhörig ist, hat er aus dem meist weithin vernehmbaren Verkehrslärm schon Wesentliches heraushören und seine eigenen Schlüsse ziehen können.

Zunächst einmal gelten für den Nachfolger alle jene probaten Regeln, die bei Übernahme eines Amtes immer zu beherzigen sind: Hausintern großen Vertrauensvorschuß artikulieren mit Respektbezeugung gegenüber bisherigen Leistungen, Eigenständigkeit und Profil gewinnen, am besten zu Lasten des Vorgängers. Auch diesem gegenüber bringt der Nachfolger zwar seine Anerkennung zum Ausdruck, um aber zunächst hinter vorgehaltener Hand, später dann ganz unverhohlen, die Mißstände des alten Régimes anzuprangern. Er folgt damit bewährter Überlieferung, wie sie auch bei Ablösung politischer Führer eingehalten wird.

Der ehemalige Bundeskanzler Helmut Schmidt schreibt hierzu scharfsinnig: »Neu ins Amt kommende Regierungen neigen oft dazu, mit einer stark negativ gefärbten Eröffnungsbilanz anzutreten und die Schuld dafür den Vorgängern zuzuschieben; so haben sich Carter und Reagan verhalten, so Kohl, so auch Gorbatschow gegenüber Breschnew. Je düsterer man den Vorgänger und die mit seinem Namen verbundene Ära abbildet, um so größer ist die Chance, dem eigenen Versprechen eines Aufbruchs zu neuen Ufern Glaubwürdigkeit zu verschaffen.«

Die von Schmidt begonnene Aufzählung posthumer Scherbengerichte ließe sich beliebig fortsetzen, gibt es doch kaum einen Grossen der Geschichte, über den nicht früher oder später eine Götterdämmerung hereingebrochen wäre. Auch das Denkmal von Mao Tsetung, des Wegbereiters und Schöpfers des neuen China, versuchten seine Nachfolger rasch zu demontieren, auch wenn es vorerst nicht, wie beim russischen Diktator, zu einer eigentlichen »Entstalinisierung« gekommen ist. Selbst über den ehemaligen österreichischen Bundeskanzler Kreisky, der zu seiner Amtszeit bei Freund und Feind in hohem Ansehen stand, lautet inzwischen das Urteil: »Eine Herrschaft mit beinahe monarchistischen Zügen, mit wenig seriöser Diskussion und Widerspruch, weil niemand den dialektischen Fähigkeiten des Bundeskanzlers gewachsen war« (NZZ Nr. 60, 12./13. März 1988). Und gleiches widerfährt in der geistigen Nachlese manchem gefürchteten Konzernchef, dessen Wille und Wort während seiner Regierungszeit ein Weltunternehmen in Atem hielt. Das maliziöse Bonmot, wonach der jeweilige Amtsinhaber stets zwischen zwei Idioten regiert, nämlich dem Vorgänger und dem Nachfolger, scheint nicht ganz aus der Luft gegriffen zu sein. Wohl dem, welcher bei seinem Sockel-Sturz sich wenigstens keine inneren Verletzungen zuzieht!

Ist der Vorgänger verstorben, so wird die Anklage zunächst mit einem moderaten »De mortuis nihil nisi bene«, über Tote nichts als Gutes, eingeleitet. Nach dem Crescendo der aufgedeckten Mängel folgt dann das Furiosotempestuoso, womit der Nachfolger die katastrophale Situation bei seiner Machtübernahme schildert. Lebt der frühere Amtsinhaber noch, mag die Philippika entsprechend abgewandelt werden, je nachdem der Vorgänger in Gnade oder Ungnade der obersten Leitung steht oder gar in dieselbe aufgerückt ist! Soweit die altbekannte Melodie.

Dieser Tenor muß indes nicht nur schnödem Undank oder subjektiver Selbstbespiegelung durch Herabwürdigung des Vorgängers entspringen. Gerechterweise ist zu bedenken, daß die ihre Umwelt erfolgreich prägenden Firmenführer ihrerseits meist nicht mit Glacéhandschuhen, sondern recht hemdsärmelig auf ihrem Siegesweg zu Werke gegangen sind, auch wenn sie es verstanden haben, in der Sache hart, in der Form jedoch flexibel zu sein. Von ihrer Gefolgschaft haben sie — wie von sich selbst — sehr viel gefordert, so daß der eine oder andere Mitstreiter bei diesem fortgesetzten Erfolgsparcours etwas außer Atem geraten ist. Deshalb ist nach einer großen Herausforderung ein gewisses erlösendes Aufatmen nur natürlich, was sowohl den beteiligten Truppenführern als auch dem Nachfolger Gelegenheit zu unverblümter Manöverkritik bietet, insbesondere am Oberkommandierenden. Eine solche muß sich auch der Interimist gefallen lassen. Denn wenn er die ihm zugemessene Zeit richtig genützt hat, war es wohl unvermeidlich, zuweilen auch unpopuläre Maßnahmen durchzusetzen und dem einen oder anderen selbstbewußten Würdenträger vor den Kopf zu stoßen. Doch solches liegt in der Natur der Sache; denn wo gehobelt wird, fliegen eben die Späne.

Zusätzlich zur üblichen Schwarzmalerei der vergangenen Ära kann der Nachfolger des Interimisten aber noch eine ganze Reihe dem Interim immanenter Unzulänglichkeiten sowie deren verhängnisvolle Folgen aufzählen. Und zwar ist es oft nicht einmal weit hergeholt, wenn er wegen zögernder Führung des Interimisten das Fehlen einer langfristigen Planung und Strategie bemängelt. Denn nicht selten hat der Interimist diesen oder jenen fälligen Entscheid rücksichtsvollerweise oder sogar in Absprache mit dem Nachfolger — vielleicht contre coeur! — hinausgeschoben, um diesem die Möglichkeit zu lassen, nach Amtsübernahme mit einem eindrucksvollen Maßnahmenpaket anzutreten. Auch macht der Nachfolger wohl zu Recht geltend, daß gewisse Bereichsleiter in unguter Weise sich Kompetenzen anmaßen (Raffer), während andere sich angewöhnt hätten, ohne eigene Initiative hinter dem Wagen herzulaufen (Abwarter). Ja, er spricht von einer chaotischen Verkehrsverwilderung, welche während des Interims eingetreten sei. Da jedoch rasche und sichtbare Erfolge von ihm erwartet werden, muß eine Verkehrs-Entwirrung möglichst bald erfolgen. Aber es führt nicht zum Ziel, wenn er »ohne Rücksicht auf Verluste« sich gewaltsam Bahn bricht. Diejenigen, welche ihn dazu ermuntern, werden die ersten sein, welche hernach sein »mangelndes Fingerspitzengefühl« rügen.

Denn radikales »Durchgreifen« des Nachfolgers in Form von Entlassungen und Zwangspensionierungen wird von den Untergebenen wie ein zerstörender Orkan empfunden. Vor diesem Sturm gilt es, sich zunächst einmal in Sicherheit zu bringen: Die Abwarter beugen sich, während sich die wirklich Tüchtigen zurückziehen oder gar nach neuen Jobs umsehen. Damit wird es für den Nachfolger erst recht schwierig, seinen Willen durchzusetzen. Es gilt nun — wenn es nicht zum Debakel kommen soll —, diejenigen, welche helfen können, aus ihrer Passivität hervorzuholen. Dies wiederum geht für den »neuen Besen«, welcher angeblich immer besser kehrt, kaum ohne Zugeständnisse ab, was die Raffer zu nutzen wissen. So sahen sich selbst die Amerikaner 1945 nach dem Ende des 2. Weltkrieges gezwungen, gewisse Nazis an ihren Posten zu belassen, um die Konkursmasse des Dritten Reiches in Deutschland überhaupt verwalten zu können. Zuweilen mußten sie sogar ehemalige Parteibonzen, unbesehen ihrer politischen Vergangenheit, in ihre Ämter zurückholen, damit das administrative Getriebe in Gang blieb.

Und die Lehre daraus? Die Antwort fällt nicht schwer, wenn der Nachfolger die alte Bauernregel beherzigt, wonach nichts weit von sich zu werfen ist, um es hernach nicht wieder von weither holen zu müssen. Deshalb ist der neue Firmenchef gut beraten, wenn er sich vor überstürzten Handlungen wie vor vorgefaßten Meinungen gleicherweise hütet. Er tut gut daran, sich zunächst vorsichtig steuernd in den Verkehrsstrom einzugliedern, wo ihm seine unübersehbare Standarte ohnehin nach allen Seiten Vortrittsrecht verschafft. Sollen am Wegkreuz des Interims zwangsläufig entstehende Verkehrsprobleme auf gute Art und Weise entwirrt werden, so erweist es sich als besonders nützlich, wenn der designierte Nachfolger und der noch amtierende Interimist sich frühzeitig darüber abstimmen. Sach- und Personenschaden oder gar ein Verkehrszusammenbruch lassen sich auf diese Weise weitgehend vermeiden. Nicht immer kann jedoch ein »fließender Übergang« dieser Art herbeigeführt werden. Wo aber die Umstände es erlauben, ist die enge Tuchfühlung dieser beiden Exponenten von größter Wichtigkeit.

Wie delikat die Situation allerdings ist, liegt auf der Hand. Denn um jeden Preis muß der Verdacht vermieden werden, daß der amtierende Interimist gewissermaßen nur der Vollzugsbeamte des aus dem Hintergrund bereits wirkenden künftigen Königs ist. »Two masters no master!« ist gewöhnlich der Anfang von Unsicherheit und Unordnung, machen es sich die Untergebenen doch schnell zunutze, der Weisung des gegenwärtigen Chefs die angebliche oder wirkliche Meinung des kommenden gegenüberzustellen. Deshalb sollen sich sorgendes Abwägen und kritischer Meinungsaustauch des Nachfolgers mit dem Interimisten zweckmäßigerweise hinter verschlossenen Türen abspielen, um der Öffentlichkeit nicht den Eindruck von Uneinigkeit zu geben. Solche still gelebte Symbiose, ein konsequentes »Parallel-Schalten«, setzt allerdings auf beiden Seiten große Selbstdisziplin und Diskretion voraus. Doch dürfte dort, wo sich die Chance bietet, diese nicht nutzlos vertan werden. Denn es ist gut, sich daran zu erinnern, daß alles Gegenwärtige auf dem Vergangenen ruht, wie alles Künftige vom Gegenwärtigen auszugehen hat. Unter diesen Umständen ist es Sache des klugen Nachfolgers, in der Kette der Führungsgenerationen sinnvoll an das Interim anzuschließen.

Sinngebung

1. Das Firmentestament und der Brief aus der Schublade

»Der Allerhöchste begab sich in den Dom, um dem Höchsten Ehre zu erweisen«, beschreibt in Umkehrung der kosmischen Rangordnung jener Berichterstatter untertänig-respektvoll den Kirchgang des Kaisers. Die paradoxe Aussage beinhaltet jedoch insofern eine tiefe Wahrheit, als auch der oberste Chef in gewissen Belangen sich nicht mit der »Rechenschaftsablage an sich selbst« begnügen kann. Dazu gehört in der Wirtschaft vor allem die Mitverantwortung für die Führungsregelung in dem Falle, wo der Chef selbst durch plötzlichen Tod ausscheidet.

Gewiß, im Gegensatz zu der für den Rücktritt des Chefs geplanten Nachfolge-Ordnung eignet sich das Thema der **plötzlich** zu bestellenden Nachfolge naturgemäß nicht für eine verbindliche »Regierungs-Erklärung« zum voraus. Denn Lösungen, welche durch den jähen Todesfall zwingend werden, mögen dann früher geweckte Erwartungen enttäuschen. Zudem kann sich die Einschätzung der Anwärter aus manigfaltigen Gründen ändern. So mag es vorkommen, daß der bisher gehätschelte Favorit zufolge einer Fehl-Investition oder einer mißlungenen Spekulation in Ungnade gefallen ist. Andererorts ist es eine Mésalliance oder eine Scheidung, welche den lange aussichtsreichen Günstling vom Ascot-Rasen verbannt. Aber ein Widerruf der früher gemachten Erklärung könnte dem Unternehmen wie dem Betroffenen schweren Prestigeverlust bringen, der tunlichst vermieden werden soll. Auch wäre die Festlegung im offiziellen, zwar geheimen Verwaltungsrats-Protokoll nicht unbedenklich. Denn der in den Raum gestellte Gedanke nimmt ein unbeherrschbares Eigenleben an, sobald er mit Tinte oder Druckerschwärze begossen ist.

Und doch wäre es für die Kontinuität des Unternehmens ebenso nötig wie für die Wahlmänner hilfreich, wenn der Verstorbene gewissermaßen über sein Grab hinaus seine Meinung zu der unter diesen veränderten Umständen zu treffenden Nachfolgeregelung einbringen könnte. Denn niemand kennt den Stand des Unternehmens und die Anforderungen an dessen künftige Führer so gut wie er.

Eine solche Beurteilung kann allerdings nicht nur fachbezogen sein, sollen doch die künftigen Unternehmensführer zugleich auch die Missionare des Firmen-Credos, die Vollstrecker der Unternehmensphilosophie und die weithin sichtbaren Exponenten der Firmenkultur sein. Somit liegt es nahe, daß derjenige, welcher sich zur Fortführung seiner Regierung äußert, vor allem daran denkt, wie der Nachfolger die geistige Hinterlassenschaft zu neuer Blüte bringt und fruchtbar macht. Vor allem der Firmen-Pionier oder das Haupt der Familiengesellschaft suchen auf diese Art die Geschäftsführung über ihr Ausscheiden hinaus durch den neuen Machthaber weiterhin auf dem bisher eingeschlagenen Kurs zu halten.

Reichsgründer, Religionsstifter und unternehmerische Bahnbrecher sind naturgemäß davon überzeugt, wenn nicht gar besessen, daß nur ihr Weg zum Ziele führt und nur ihr Glaube selig macht. Ihren Geboten wollen sie durch ihr Testament und ihr geistiges Vermächtnis Nachdruck verschaffen. Während die im öffentlichen Leben stehenden Persönlichkeiten gerne die spektakuläre Form des politischen Testaments wählen, neigen die Unternehmensführer mit gutem Grunde dazu, die Geschicke pragmatisch zu steuern und entsprechend ihrer Leitidee sich schon zu Lebzeiten ausbildnerisch, Weisung gebend, rhetorisch und stilgestaltend zu »verewigen«. Das wirtschaftliche Testament wird somit im Gegensatz zum politischen meist nicht ausdrücklich, sondern vielmehr durch »Einübung« als Leitidee der Nachwelt hinterlassen.

In diesem Sinne hat Gottlieb Duttweiler, der Gründer der schweizerischen MIGROS, der bekannte »Reformer mit weltweiter Strahlung« (so sein Biograph Hans Munz) in unzähligen Reden, Zeitungsartikeln und politischen Kundgebungen in der MIGROS eine eigentliche »Glaubensgemeinschaft« entwickelt. In dieser waren nicht nur die Gefolgschaft sondern auch die Führer gleicherweise eingebunden waren, womit das Duttweilerische Vermächtnis weitgehend als Richtschnur gilt.

Auch Henry Ford hat kein so benanntes Testament hinterlassen, wohl aber hat er seine wichtigsten Gedankengänge in seinem Hauptbuch »Mein Leben, mein Werk« folgendermaßen zusammengefaßt: »Stellt eine Ware so gut und so billig her, wie es möglich ist, und zahlt so hohe Löhne, daß der Arbeiter das, was er erzeugt, auch selbst zu kaufen vermag, schaltet jede Verschwendung aus und spart vor allem das kostbare Gut, die Zeit, laßt alle Arbeiten, die eine Maschine verrichten kann, von Maschinen und nicht von Menschen verrichten, da Menschenkraft zu wertvoll ist, erschließt immer neue künstliche Kraftquellen — und ihr müßt prosperieren.« Auch wenn die Nachfolger Fords weder dessen Format hatten noch in dessen Dimensionen dachten, hat auch hier das geistige Vermächtnis in den nächsten Generationen als Wertmaßstab nachgewirkt.

Im ähnlichen Sinne hat Thomas Watson in der IBM bleibende Zeichen gesetzt, indem seine Mahnung nicht in erster Linie der Kreation bestimmter Produkte galt, sondern der geistigen Formierung der Menschen, welche durch diese Produkte eine neue Gesinnung vermitteln sollten: »Consider any great organization — one that has lasted over the years — and I think you find that it owes its resiliency, not to its forms of organization or administrative skills, but to the power of what we call beliefs and the appeal these beliefs have for its people.« So ist bezeichnend, daß Watson, nachdem er in der IBM zwei Managementschulen gegründet hatte, bald eingriff, weil er fühlte, daß daselbst zuviel Betonung auf das Management und zuwenig auf das Grundsätzliche (die »beliefs«) gelegt wurde. Entscheidend für die von der »IBM-Unternehmenskultur« ausgehende Kraft war aber die klare Prioritätensetzung, wonach die »beliefs« der Firmenpolitik, der Firmenpraxis und der Firmenzielsetzung vorangehen. So war sein gelebtes »Firmentestament« zugleich Auswahlkriterium für die Nachfoler und deren Wegleitung.

Der Gründer und Gestalter der weltberühmten Robert-Bosch Werke, Robert Bosch, hat seinen sieben Testamentsvollstreckern zur Pflicht gemacht, »meinen Geist und Willen in der Verwaltung der bei meinem Ableben vorhandenen und noch zu schaffenden Werte nach Möglichkeit lebendig und wirksam zu erhalten«. In besonderen Richtlinien hinsichtlich dieses Geistes und Willens findet sich allerdings die Anmerkung, daß es nicht darauf ankomme, sich an den Buchstaben dieser Richtlinien zu halten. Bosch will dort immer selbstschöpferische Persönlichkeiten sehen, die aufgrund rein sachlicher Einstellung nach Recht und Billigkeit handeln. Damit gibt er über seinen Tod hinaus eine klare Anweisung, wes' Geistes Kind seine Nachfolger sein müßten.

Drei Generationen Rothschild haben ihren Nachfolgern ähnliche Wegleitungen hinterlassen: Der Begründer des weltweiten Bankhauses, Meyer Amschel Rothschild, empfiehlt seinen Erben »Eintracht, Liebe und Freundschaft« und verbietet das gegenseitige »Molestieren mit Prozessen«. Sein Sohn Natan schreibt: » . . . empfehle ich meinen Söhnen, sich in Geschäftssachen stets durch Erfahrungen meiner Brüder willig raten zu lassen.« Der Enkel Anselm schließlich mahnt die Nachkommen wiederum in seinem Testament: »stets in größter Einigkeit zu leben, die Familienbande nicht lockern zu lassen, alle Streitigkeiten, mißliebige Prozesse untereinander zu meiden, gegenseitig Nachsicht und Milde zu üben und sich nicht zu Heftigkeiten hinreißen zu lassen . . . Ich untersage ausdrücklich und auf das bestimmteste für alle und jede Fälle die Aufnahme eines gerichtlichen oder sonstigen öffentlichen Inventariums über meine Nachlassenschaft . . . « Damit ist auch hier bereits eine wichtige Aussage über die erwünschte Typologie der Nachfolger gemacht.

Doch haben alle Firmen-Testamente, wie auch immer sie bestrebt sind, über ihre Zeit hinaus das Grundsätzliche zu erfassen, ihre Kehrseite. Für die Nachfolger sind sie zwar Stütze und Richtschnur, aber sie können auch bei sklavischem Festhalten zur Last und Bremse werden. Denn niemand kann — wie Fürst Bismarck bemerkt — der Vorsehung in die Karten sehen. Und es ist menschlich durchaus verständlich, wenn der alternde Gründer, welcher mit seiner Erfindung oder seiner Methode den Erfolg erzwungen hat, sich oft gegen die Veränderung der Umwelt und den Wandel des Zeitgeistes verschließt, um die Gültigkeit seiner Theorie nicht in Frage ziehen zu lassen. Deshalb sind nur jene Firmen-Testamente von bleibendem Nutzen, in welchen das Zeitbedingte hinter dem Zeitlosen zurücktritt und das Schwergewicht — so abstrakt die Botschaft dann auch tönen mag — auf den ethischen und moralischen Grundsätzen liegt.

Zwar soll sich der Nachfolger in gebotener Selbstbescheidung nur als Glied in der Kette betrachten, um das, was er von seinem Vorgänger übernommen hat, mit sinnvollem eigenen Zutun auftragsgemäß jenen weiterzugeben, welche nach ihm kommem. Doch hat er nicht nur das moralische Recht, sondern vielmehr die Pflicht, entsprechend den Anforderungen seiner Zeit und seiner Umwelt seine eigenen Zeichen zu setzen. Der militärische Grundsatz, wonach der Führer je nach Lage gemäß dem erhaltenen Auftrag oder aber gegen den erhaltenen Auftrag entscheidet, trifft gleicherweise für den unternehmerischen Nachfolger zu, welcher das Erbe der Väter verantwortungsvoll weiterführt. Es hieße der Persönlichkeit des neuen Chefs Gewalt antun, sollte er durch das Firmentestament zu einem ihm abwegig erscheinenden Verhalten gezwungen werden. Selbst die Nachfolger Petri, die sich seit zweitausend Jahren anheischig machen, die Botschaft des Apostels unverfälscht der Menschheit weiterzugeben, tun dies in ganz verschiedener Art und Weise. Jeder Papst hat seine eigene Handschrift.

Im Gegensatz um Firmentestament, welches eine lebenslang geübte Praxis »verbindlich« festlegt und nach dem Tode seines Autors zum Nutzen des Unternehmens veröffentlicht werden soll, betrifft der »Brief aus der Schublade« die Führungsqualität bestimmter Personen und richtet sich persönlich und vertraulich an den Chef der Königsmacher. Es bleibt diesem überlassen, ob und wie er den Briefinhalt in die Erwägungen des Berufungs- oder Wahlgremiums zur Nachfolgebestimmung einfließen läßt. Während das Firmentestament eine langfristige Zielsetzung hat, soll der »Brief aus der Schublade«, welcher bisher wohlgehütetes Geheimnis des Verstorbenen geblieben war, für den plötzlich eingetretenen Notstand Abhilfe schaffen. Denn niemand kennt die Stärken und Schwächen der Papabili so gut wie er, und niemand vermag die sich daraus für eine neue Führungskonstellation ergebenden zwischenmenschlichen Schwingungen zutreffender zu beurteilen.

Da liegt nun also ein Brief zuoberst in der Schreibtisch-Schublade des so unerwartet Dahingegangenen mit der Aufschrift: »Nach meinem Tode durch den Aufsichtsratspräsidenten zu öffnen«. Die Schatzgräber, welche sich anschicken, die Geheimnisse des Chef-Pultes zu lüften, mögen sich fragen, ob der »Alte« doch einen sentimentalen Zug hatte oder gar sein Ende gespürt hat. Nichts von alldem! Weder wurde der Brief in einer Gefühls-Anwandlung geschrieben noch von einer Todesahnung diktiert. Denn wer gewohnt ist, für die Wechselfälle des Geschäfts sachlich begründete, zweckmäßige Lösungen bereitzuhalten, schließt in diese Überlegungen auch den Tod mit ein, weil dieser nun eben zum Leben gehört. So ist es nur natürlich, wenn derjenige, bei welchem alle Fäden zusammenlaufen, auch für den Fall Vorsorge trifft, wo sie ihm unerwartet aus der Hand gleiten.

Anliegen eines solchen Briefschreibers muß es sein, eine oder mehrere Nachfolge-Lösungen aufzuzeigen, welche gleicherweise auf eine langfristige Entwicklung des Unternehmens wie auf den bestmöglichen Einsatz der vorhandenen Talente Bedacht nehmen. Vielleicht empfiehlt der Verstorbene die sofortige Inthronisierung seines Stellvertreters, oder er begründet, weshalb dieser nicht sein Nachfolger werden soll. Oder aber er schlägt eben eine Interims-Lösung vor.

So mag es geschehen, daß derjenige, welcher ganz und gar »his master's voice« ausdrückte und als dessen Favorit galt, im Schubladenbrief nicht an erster Stelle steht, wogegen der scharfsinnige Bereichsleiter, der durch seine unerschrockene Meinungsäußerung oft den Unwillen des Chefs zu erregen schien, von diesem als der kommende Mann präsentiert wird. Der Schreiber mag sich auch dazu äußern, ob eine Persönlichkeit aus diesen oder jenen Gründen als künftiger Chef von außen zu berufen ist und welche Konsequenzen dies dann im Führungsteam hätte.

Gewiß läßt sich einwenden, daß auch er, der Dahingegangene, oder gerade er, von subjektiver Beurteilung und persönlichen Emotionen nicht frei war und sich möglicherweise in seine »Lieblingsidee« verrannt hatte, die nun im Brief aus der Schublade wiederum zum Ausdruck kommt. Denn es ist der begreifliche Wunsch vieler Chefs, die Person des künftigen Machthabers selbst zu bestimmen, um den Fortbestand der eigenen Denkart zu sichern. Die Zweckmäßigkeit einer solchen Lösung haben immerhin die römischen Adoptivkaiser während fast hundert Jahren bewiesen. Sie haben jedenfalls gezeigt, daß Adoption des Nachfolgers keineswegs einer Günstlingswirtschaft gleichkommen muß, sondern durchaus eine Auslese der Besten bedeuten kann. Denn im Grunde ist es die innere Wahlverwandtschaft, welche für die Bestimmung der Nachfolge ausschlaggebend ist. So bringen es in großen Firmen starke Persönlichkeiten und bewährte Manager gegen alle scheinbar besser legitimierten Anwartschaften — nicht zuletzt durch ihren Brief aus der Schublade — fertig, »ihrem« Mann die Krone aufzusetzen. Ihr posthumer Einfluß kann tatsächlich der Unternehmung von großem Nutzen sein, wenn ihr Nominationsvorschlag aus sachlichen, zukunftsgerichteten Gründen erfolgt und nicht etwa bloß aus einer Altersschrulle oder einer subjektiv geprägten Einflüsterung »uneigennütziger« Ratgeber.

Weil es der Verstorbene war, der die Karriere für die oder den Spitzen-Anwärter geplant hat, versteht er auch, für diesen den Vorteil einer Fortsetzung des in Aussicht genommenen Ausbildungsprogramms gegenüber dem Nachteil eines Abbruchs zugunsten sofortiger Amtsübernahme abzuwägen. Unter diesen Gesichtspunkten mag sein Ratschlag der Hinweis auf den Ausweg einer »Zwischenlösung« sein. Wenn er somit aus triftigen Gründen einem Interim gegenüber einer endgültigen Lösung den Vorzug gibt, wird er es sicher nicht bei der bloßen Empfehlung bewenden lassen. Vielmehr enthält sein Brief wohl auch entsprechende Anleitung, wie dieses Interim zu gestalten ist, damit der Kurs gehalten werden kann, der Schwung nicht erlahmt und der Reibungsverlust am Wegkreuz des Interims aus den zwischenmenschlichen Beziehungen in Grenzen zu halten ist.

Ein derart inszeniertes Interim kann sich durchaus als organische Fortsetzung im Aufbau des kommenden Führungsteams erweisen. Allerdings bedingt dies vom Schreiber die nötige Selbstdisziplin, seinen Brief tatsächlich à jour zu halten, wenn dieser im »Ernstfall« helfen soll. Eine periodische Durchsicht dieses Dokumentes kann er sich deshalb ebenso wenig ersparen wie etwa die vierteljährliche Bilanz-Analyse oder die noch kurzfristigere Durchsicht der größten Außenstände. Weil gerade ehrgeizige Aufsteiger in der seelischen Belastung der Warte-Stellung oft in kurzer Zeit ganz unterschiedliche Charakter-Bilder zeigen, ist ein wiederholtes Überdenken dieses wegleitenden Vorschlages für den Schubladenbrief-Schreiber unerläßlich.

Der Schubladenbrief — als Stimme aus der Gruft — sollte aber auch deutlich machen, wie lange das Interim zu dauern hat und wie es nach innen und außen zu verkünden ist. Dann mag diese letzte Äußerung des Vorgängers der berufenden Instanz tatsächlich als Wegweiser dienen und vorgefaßte Meinungen ins richtige Licht rücken. Der Schreiber kann zudem auf Möglichkeiten hinweisen, die eben nur jener kennt, welcher nicht nur in den Verstand, sondern auch lange Zeit in die Herzen der handelnden Personen gesehen hat.

2. Zielsetzung

Nicht in den Sternen, sondern bei den Menschen stehen Erfolg und Mißerfolg des Interims. Menschliche Schubkräfte sind es, Leistungswille, Ehrgeiz und Hoffnung, welche zusammen mit wirklichen oder vermeintlichen Sachzwängen die oft dramatische Problematik des Interims bewirken. Die sich ergebende Konstellation dieser Faktoren kann ein Zufall sein, bestenfalls einen Glücksfall bedeuten oder schlimmstenfalls einem Unfall gleichkommen. Der Wert einer »einstweiligen« Lösung, also der »Lösung auf Zeit«, ist somit nur in jedem einzelnen Fall zutreffend beurteilbar.

Wesentlich ist, daß dem Interim durch entsprechende Zielsetzung an die handelnden Personen der ihm zukommende Sinn gegeben wird. Dabei darf das Interim nicht punktuell, als Ausnahme von der Regel, sondern lediglich als ein außergewöhnliches Teilstück in der Folge der Führungsgenerationen verstanden werden. Voraussetzung für eine derart perspektivische Optik ist allerdings die Loslösung von der Zeitrechnung des vordergründigen Kalender- und Geschäftsjahrs. Anstelle dieser künstlichen Maß-Einheiten, welche nur den Zeitraum, nicht aber die sich darin abspielende Handlung widerspiegeln, muß vielmehr als Kriterium die zu bewältigende Aufgabe treten. Nach ihr bestimmt sich die notwendige Dauer der Problem-Lösung und demgemäß auch die Gestaltung und Zielsetzung der Führung auf Zeit. Wenn schon bei der gewöhnlichen Amtseinsetzung die Erwartungen an den neuen Machthaber klar zu formulieren sind, dann bedarf es noch größerer Präzisierung zu Beginn des Interims, welches erfahrungsgemäß leicht Zweifel nach innen und außen aufkommen läßt. Denn nichts hemmt den unternehmerischen Schwung mehr als Ziellosigkeit und Unsicherheit.

Auch der Interimist muß, um überzeugend zu wirken, mit einer eigenen »Regierungs-Erklärung« antreten, seine Zielsetzung offenlegen und den einzuschlagenden Weg erhellen. Dabei mögen ihm für die ersten Schritte die sich ergänzenden Sprichwörter hilfreich sein: »Toute véritée n'est pas bonne à dire« und »toujours y penser, jamais en parler«. So kann es z.B. als erklärtes Ziel des Interims durchaus seine Richtigkeit haben, nach stürmischem Vormarsch unter dem Vorgänger, eine Phase der »Konsolidierung« einzuschalten. Doch wird dieser Begriff oft zu Unrecht als Verzicht auf jegliche, über den Alltag hinaus gerichtete Tätigkeit verstanden, was dem Schwung äußerst abträglich ist. Denn die Festigung der eroberten unternehmerischen Stellung verlangt gezielte Aktivität auf dem Markte, Überholen und Erneuern der technischen Ausrüstung sowie Auffüllen der Kriegskasse, um nach Ende der Konsolidierungsphase für neue Taten bereit zu sein. Zudem ist in der Verteidigung der Angriff bekanntlich die beste Waffe.

Jedenfalls darf das Interim nicht einfach »Erhaltung des Status quo« bedeuten. Der Interimist wäre von der obersten Unternehmensleitung falsch belehrt, seine Funktion nur als »Platzhalter für den Kommenden« zu verstehen. Keinesfalls kann das Interim damit gerechtfertigt werden, daß das Unternehmen nach Phasen erhöhter Aktivität »ruhen« sollte. Ein Schiff, das auf bewegtem Meer (der Wirtschaftsozean ist immer stürmisch!) keine Fahrt macht, beginnt zu schlingern und zu krängen und gerät darob bald in eine gefährliche Lage. Das Pferd, das nicht am Zügel geht, stolpert leicht. Auch das Unternehmen muß geleitet werden, wenn es nicht vom Wege abkommen soll.

Ebensowenig geht es an, daß sich der Interimist mit der Rolle des »ruhenden Pols« begnügt, ohne sich zugleich als »treibende Kraft« zu verstehen. Auch hat er sich bewußt zu bleiben, daß Stillstand Rückschritt bedeutet. Wer sich nicht zutraut, seine Führungsmannschaft immer wieder aufs neue zu inspirieren und diese, wenn nötig, in hartem, geistigem Schlagabtausch zu überzeugen und schließlich auch zu begeistern, soll unter keinen Umständen die Funktion eines Interimisten übernehmen. Denn noch viel mehr als gegenüber dem gewählten, fest auf seinem Throne sitzenden Chef, sind aller Augen erwartungsvoll auf ihn gerichtet. Er befindet sich tatsächlich auf dem hochgespannten Seil mit Schwindel erregenden Aussichten nach beiden Seiten. Sein Balance-Akt setzt deshalb vor allem ein inneres Gleichgewicht voraus. Und aus dieser Gelassenheit und solchem Selbstverständnis muß er auch »heute noch einen Baum pflanzen«, selbst wenn morgen sein Interim zu Ende geht.

Es mag ein wohlverstandenes Ziel des Interims sein, die Voraussetzungen zu schaffen, damit der kommende Chef seine Aufgabe überhaupt erfüllen kann. Gewiß, der Wegbereiter steht in der Regel nicht so spektakulär in den Annalen wie der Gründer, Eroberer und Reformer. Friedrich II ist aber nicht zuletzt deshalb unter dem Beinamen »der Große« in die Geschichte eingegangen, weil er von seinem Vater, Friedrich Wilhelm I, ein wohlorganisiertes Staatswesen, eine schlagkräftige Armee und eine volle Kriegskasse geerbt hatte. Sagt doch der Volksmund zu Recht, daß es für den Sohn meist von Vorteil ist, wenn der Vater vor ihm gelebt hat.

Auch der Nachfolger Breschnews, Jurij Andropov, der zwar nicht als Interimist gedacht war, dem aber durch seine Krankheit diese Rolle zugefallen ist, hat in der ihm zugemessenen Zeit versucht, den Grundstein zum Umdenken der Planwirtschafts-Bürokraten zu legen. Er hat Immobilismus und Korruption bekämpft und ist für höhere Arbeitsdisziplin eingetreten. Vorsichtiges, geduldiges Herangehen an tiefgreifende Veränderungen ist deshalb kennzeichnend für Andropov (von Rauch). Er war es, der Michael Gorbatschow als Nachfolger aufgebaut und gefördert hat. Auch wenn er seine Maßnahmen noch nicht als »Reformen«, sondern nur als »Vervollkommnung der Produktionsverhältnisse« erklärt hat, wurde damit doch der Boden für Gorbatschows Glasnost und Perestroika vorbereitet. Andropov verstarb, ehe er den beabsichtigten Generationenwechsel selbst erfolgreich in Gang setzen konnte.

Demgegenüber wurde darauf Tschernenko offenbar als Übergangslösung gewählt. Gorbatschow hatte noch keine Mehrheit, und ihm war mit Romanow ein ernsthafter Gegenkandidat erwachsen. In dieser Lage drängte sich ein Interim auf, wofür sich Tschernenko eignete. Bei seiner Wahl war er 73 Jahre alt. Auch war Tschernenko schon kränklich, weshalb mit einer kurzen Amtszeit zu rechnen war. Aber in diesem Zeitraum bestand Aussicht, daß sich eine Mehrheit im Politbüro bilden konnte. Auch wenn Tschernenko in der Innenpolitik Andropovs Schwung fehlte, hat er doch einige Neuerungen verwirklicht, die später Gorbatschow in der Durchsetzung seines Regierungsprogrammes zugute kamen.

Die Amtseinsetzung der beiden betagten Parteigrößen Andropov und Tschernenko zeigt, daß ein Interim nicht immer ausdrücklich als solches zu benennen und zu verkünden ist. Obschon die Machtbildung im Kreml für den westlichen Betrachter besonders schwer durchschaubar ist, war es doch nach innen und außen leicht erkennbar, daß zufolge hohen Alters der Regierungszeit dieser Männer nahe Grenzen gezogen waren. Deshalb liegt die Vermutung nahe, daß auch hier der Hauptzweck des Interims im Zeitgewinn gesehen wurde, um dadurch dem Politbüro die Bildung einer tragenden Mehrheit zu ermöglichen und den Weg für die von maßgebenden Kreisen gewünschte Erneuerung offenzuhalten.

Der Sinn des Interims muß somit nicht stets in spektakulären Taten liegen und braucht auch keineswegs immer materieller Art zu sein, wie etwa eine Fusion oder Akquisition, eine Marktvergrößerung oder die Aufnahme neuer Produkte und Dienstleistungen. Seine Wirkung kann durchaus »nur« im Wegbereiten für die Nachfolge bestehen. Auch mag das Interim seinen Zweck dadurch erfüllen, daß davon ein lang wirkender Impuls ausgeht: Eine bestimmte Denkordnung, eine besondere Verhaltensweise oder eine Unternehmenskultur. Solche geistigen Prägungen setzen allerdings eine genügend lange Zeitspanne eines derart inspirierenden Interims voraus, um den Impuls durch die oft langsam mahlenden Mühlen der Institutionen zu bringen.

Was schließlich die Leistungsbeurteilung des Interimisten anbelangt, so ist er, wie jeder andere Wirtschaftsführer, vor allem daran zu messen, ob er die Zeichen der Zeit verstanden, die sich bietenden Möglichkeiten vorausblickend genutzt und die entsprechenden Risiken abgesichert hat. Dabei ist jedoch zu bedenken, daß die Gegenwartsarbeit einer Geschäftsleitung zwangsläufig ihre Früchte größtenteils in der Zukunft trägt, welche dann das Urteil über die Vergangenheit spricht. Auch der Interimist muß sich — wie alle, die Geschichte machen — damit abfinden, daß seine wirkliche Größe erst im zeitlichen Abstand richtig beurteilt werden kann. »Was hat er erreicht? Haben seine Taten den Tag überlebt und wirken sie fort?«, mögen die Nachkommen fragen. Und von jeder neuen Generation wird die Antwort anders lauten.

Für den Interimisten, der bleibende Zeichen setzen will, sind gute Gesundheit und belastbare Nerven unerläßlich. Denn der Widerstand, der ihm von den Alteingesessenen und dem »Apparat« entgegenschlägt, ist zuweilen beträchtlich. Auch ist es selten der berühmte »Federstrich«, mit dem er eine geistige Entwicklung in Gang bringen kann, sondern meist ein wiederkehrendes »ceterum censeo«, wie es der alte Cato im Fall von Karthago geäußert hat, dessen Zerstörung er konsequent forderte. Oft ist es sogar nur ein eingängiges Schlüsselwort, das der Interimist braucht und das in seiner Wiederholung die Herzen öffnet und die Geister beflügelt. Selten ist es der überschäumende Sturzbach, welcher den Stein höhlt, sondern vielmehr der stete Tropfen. Dieser aber braucht eben Zeit! Darauf ist in der Anlage eines Interims Bedacht zu nehmen, wenn es seinen Sinn haben soll.

Wo es sich aber um eine akute Krise handelt, wo z.B. der Chef mitten in den für das Überleben des Unternehmens entscheidenden Verhandlungen durch Herzinfarkt dahingerafft wird und wo zu weisem Abwägen zwischen den Vor- und Nachteilen potentieller Interimisten sowie zu langfristiger Zielsetzung keine Zeit bleibt, müssen diejenigen, welche zum Nachfolger-Entscheid berufen sind, auch den Mut zu einer »unkonventionellen« Lösung haben. Außergewöhnliche Lagen verlangen eben auch außerordentliche Maßnahmen. Deshalb ist es solchenfalls sicher gerechtfertigt, sogenannten »wohlerworbenen« Nachfolgerechten und »ersessenen« Anwartschaften die besondere Qualifikation zur Unternehmensführung vorgehen zu lassen. Auf die Gefahr hin, würdige Firmenrepräsentanten in der Bel-Etage dadurch zu vergrämen, mag unter derartigen Umständen das Steuer interimistisch einem besonders befähigten Aufsteiger aus einem unteren Range oder einem ausnehmend geeigneten Außenseiter anvertraut werden, allenfalls in Befolgung der im »Schubladenbrief« erteilten Empfehlungen. Denn wenn es um das Ganze geht, fallen subjektive Ansprüche weniger ins Gewicht als der gesicherte Weiterbestand des Unternehmens. Wie lange dann die einstweilige Machtübernahme eines solchen Interimisten dauert, mag sich später weisen.

3. Ce n'est que le provisoire qui dure

Es bedarf nicht des utopischen Gesichtswinkels der Ewigkeit, um die Fragwürdigkeit der Begriffe »endgültig« und »einstweilig« zu erfassen. Der geschichtliche Rückblick und die Aussicht in die Zukunft zeigen, wie schnell sich die Grundlagen der Entschlußfassung ändern. Sicher geht es nicht an, die Dinge nur fatalistisch auf sich zukommen zu lassen. Vielmehr gilt es, sich bewußt zu bleiben, daß sowohl die »endgültige« Lösung als auch das Interim »Lösungen auf Zeit« mit unterschiedlicher Länge und Bedeutung sind. Wiewohl im einen wie im andern Fall die Begrenzung der zur Schaffung klarer Verhältnisse erforderlichen Zeitdauer angestrebt werden muß, ist diese trotzdem nicht in Granit zu meißeln, sondern immer den Umständen anzupassen.

Die Einsicht in den Wandel der Dinge und das Wissen um die Notwendigkeit fortlaufender Anpassung widerspiegelt sich zu allen Zeiten im Gedankengut der Völker. Die rational denkenden Römer erhoben diese Erkenntnis in der Formulierung »rebus sic stantibus« (unter der Voraussetzung, daß die Dinge so stehen!) sogar zum Rechtsgrundsatz als Gegenstück zur Vertragstreue. Im Sprachgebrauch der pragmatischen Engländer wird die Gültigkeit getroffener Abmachungen meist mit dem Zusatz »for the time being« relativiert. Selbst der »ewige Bund« der Eidgenossen vom Jahre 1291 schließt mit der vielsagenden Formel »Diese Ordnungen sollen, so Gott will, dauernden Bestand haben«, wobei sich die Gründerväter, die sicher fromme Leute waren, offensichtlich zugetraut haben, Gottes Wille jederzeit zu erkennen und richtig zu interpretieren. In diesem Sinne will auch das französische Sprichwort »Ce n'est que le provisoire qui dure« keineswegs den Verzicht auf »endgültige« Vereinbarungen postulieren, sondern provokatorisch dartun, wie sehr diese dem Wandel unterworfen sind.

Oft verbindet der Brückenschlag des Interims das Ende und den Anfang ausgeprägter Entwicklungsphasen. Doch fangen solche Zeitabschnitte nur in den Schulbüchern mit einer präzisen Jahreszahl an, wie z.B. mit der Offizialisierung des Christentums im römischen Reich durch Kaiser Konstantin i.J. 313. In der Regel geht dem Ende einer Epoche eine längere Zeit voraus, wo sich die Wende schon anbahnt. Und in manchem Abstieg mag streckenweise nochmals ein Aufstieg sichtbar werden, welcher die Zeitgenossen mitunter zweifeln läßt, ob es sich um die Rückgewinnung der früheren Höhe oder nur — wie die Bergsteiger sagen — um eine kurze Gegensteigung im Abstieg handelt. In solchen Zwischenzeiten vermag ein weiser Interimist als Behüter bleibender Werte wie als Wegbereiter des Fortschritts einen wesentlichen Beitrag im Leben des Unternehmens zu erbringen.

Der Interimist muß sich zudem Rechenschaft geben, daß Kräfte aus früheren Entwicklungen im guten wie im schlechten in sein Interim einwirken. Er hat sie jedenfalls ins Kalkül zu stellen. Er wird auch nicht so vermessen sein wie die Jakobiner und die Zeitrechnung gleich auf seinen Amtsbeginn umstellen. Meist steht er auch nicht vor einem Kahlschlag, sondern findet einen Baumwuchs vor, dessen Wurzeln in eine Zeit weit vor der seinigen reichen und dessen Schatten vielleicht über sein Interim hinausgeht. So ist das Interim selbst etwas Lebendiges, sich ständig Veränderndes. Es ist nicht Aufgabe des Interimisten, in der ihm zugemessenen Zeit die übernommenen Strukturen unter Denkmalschutz zu stellen, wohl aber unter Naturschutz: Einerseits muß er den Lebensbaum von erstickendem Rankenwerk bewahren, andererseits aber platzgreifenden Wildwuchs ausforsten, um gesundes Wachstum sicherzustellen.

Aber nicht nur die Dinge wandeln sich, sondern ebenso der Zeitgeist. Deshalb ist es für den Interimisten, welcher in der ihm zugemessen Zeit unter Umständen weitreichende Entscheidungen treffen muß, besonders wichtig, »das Gebot der Stunde« zu erkennen. Weil die Veränderung dieser oder jener Ordnung »zur Zeit« schwere Folgen haben könnte, muß er sie vielleicht gegen sein eigenes Empfinden vorerst zurückstellen. Umgekehrt hat der Interimist dort sofort durchzugreifen, wo bei Andauern eines Mißstandes Gefahr im Verzuge liegt. Gleicherweise kann sein zukunftsweisender Gedanke der Zeit so weit voraus sein, daß er trotz aller missionarischen Beredsamkeit zunächst ins Leere fällt. Nicht die Lösung als solche ist diesfalls untauglich, sondern deren »Möglichkeit« unterliegt einer zeitlichen Fehlbeurteilung. So wird das Interim oft zu einem Spiel oder gar Wettlauf mit der Zeit. Ist die Zeit schon reif? Ist der Augenblick noch günstig? Befindet sich das Unternehmen wirklich in einer »historischen« oder nur in einer »hysterischen« Stunde?

Wie der Interimist, welcher realistisch zu Werke geht, den Wandel der Zeit berücksichtigt, so nimmt er gleicherweise auf die Tragfähigkeit seiner vorhandenen und künftigen Mit-Kämpfer Bedacht. Deshalb mag ein bestimmtes Engagement nur sinnvoll scheinen, solange Herr X mit dessen Leitung betraut ist. Oder aber er kann die Reorganisation erst dann durchführen, wenn Herr Y in den Ruhestand tritt, weil dieser als »bewährter Oldtimer« mit einer grundlegenden Neuausrichtung seelisch überfordert wäre. Und hat der Interimist gar den berechtigten Ehrgeiz, den Zeitgeist mitzuprägen, dann muß er nicht nur überzeugt sein, den richtigen Glauben zu predigen, sondern auch sicher sein, daß er die richtigen Missionare hat. Denn beste sachliche Lösungen scheitern oft an der Unfähigkeit oder mangelnden Belastbarkeit derer, welche die Vision des Chefs konkretisieren und mit Leben erfüllen sollen. Wirklich gute Lösungen entsprechen deshalb auch im Interim dem Erfassen des Menschen-Möglichen. Was heute noch möglich ist und deshalb zu raschem Handeln drängt, ist vielleicht morgen bereits unmöglich.

Wenn schon das vielgepriesene Allerweltsmittel des »situativen Verhaltens« für den Augenblick lagegerechte Lösungen zu verbürgen scheint, so ist dies doch keine Richtschnur, nach welcher der Marsch in die Zukunft angelegt werden kann. Sicher bleibt im Geschäftsleben der Alltag der wichtigste Tag. Sind die täglichen Einzelfragen richtig beantwortet, ist schon ein gutes Stück des Gesamterfolgs sichergestellt. Aber ohne eine überdachende Vorstellung, einen »geistigen Gesamtbebauungsplan«, ein »grand design« geht es auch im Interim nicht.

Es läßt sich einwenden, daß es gerade im Interim darauf ankomme, mit den Füßen auf dem Boden zu bleiben und keinerlei Tagträumereien zu verfallen, weil mit Wunschdenken allein nichts auszurichten ist. Dem ist entgegenzuhalten, daß jede Vision mit einem Traum beginnt. Auch braucht der unternehmerische Tagträumer mitnichten ein versponnener Romantiker jenseits der harten Wirklichkeit zu sein! Aber er mag eben in seinem Geiste und Herzen Entwicklungen ahnen und gesellschaftliche wie umweltmäßige Veränderungen vorausfühlen, welcher derjenige, der sich wie ein Maulwurf nur in das Tagesgeschäft eingräbt, gar nicht ansichtig werden kann. Zu Reflexionen dieser Art mag das Interim eine willkommene Denkpause bieten.

Für den Interimisten, welcher naturgemäß meist dann auf den Plan tritt, wenn in einer Krisenlage die Überprüfung der unternehmerischen Zielsetzung und die Neubesinnung not tun, ist es wichtig, langen Atem zu behalten und die erforderlichen Änderungen in einer langfristigen Perspektive zu vollziehen. Weil aber seine Zeit begrenzt ist, muß er sich gleichzeitig bewußt bleiben, daß die Folgen seines Wirkens zwangsläufig über seine Tage hinausreichen, weshalb er sich davor hüten muß, alle Früchte seiner Arbeit schon in der ihm zugemessenen Zeit einheimsen zu wollen.

Hier mag etwa das Beispiel der Dom- und Kathedralenerbauer weiterhelfen. Ein jeder, welcher an einem solchen Jahrhundertwerk gebaut hat, ob Abt, Bischof oder Fürst, mußte wissen, daß er das Ende des Baues kaum erleben werde. In diesem Sinne war jeder ein Interimist. Aber nichtsdestoweniger war er während der Zeit seiner Bauherrschaft ganz dem Unternehmen verpflichtet, das seine Vorgänger begonnen hatten, um die Beendigung ihren Nachfolgern zu überlassen. Doch verleitete solche moralische Vollzugsverpflichtung den interimistischen Bauherrn keineswegs zum Verzicht auf selbständige Gestaltung und auf Einbringen dessen, was dem Zeitgeist jeweils entsprochen hat. Was ändert es an der Majestät des Domes, daß die unteren, tragenden Gewölbe in romanischem, die oberen Kolumnaden dagegen in gotischem Stil ausgeführt sind? Auch die später zugefügten Renaissance- und Barock-Einbauten, als Merkmale einer bestimmten Epoche, gehören wie gewisse markante Jahrringe eines Baumes in das Gesamtbild. Und so verhält es sich auch mit der Firmenstruktur und der Firmenkultur, an deren Fortentwicklung der Interimist mitwirkt.

Meist sind es in sich geschlossene Phasen, in welchen sich derart wahrnehmbare Schöpfungsschübe vollziehen. Doch im Nachhall der Geschichte erscheint unter Umständen die monumentale Tat, welche eine ganze Regierungzeit kennzeichnet, nur als Zwischenspiel, während der zündende Funke aus einem namenlosen Interim weit in die Zukunft leuchtet. Bei tieferem Betrachten reift die Erkenntnis, daß jede Zeit ihre besondere Leistung zur Schöpfung beisteuert. Und wenn es heißt, daß die Welt nicht an einem Tage geschaffen wurde, so hat diese Erkenntnis sicher ihre Gültigkeit für jedwede Welt, an der gebaut wird. Doch niemand weiß, wie lange ein Schöpfungstag dauert. Umfaßt er ein Lichtjahr, eine Sternstunde, eine Amtsperiode oder vielleicht nur ein Interim . . . ?

Mit der WELT sind Sie täglich im Handumdrehen gut informiert

DIE WELT formuliert knapp und präzise. Sie ist übersichtlich gegliedert, schnell lesbar. Sie erhalten in kurzer Zeit ein Maximum an wichtigen Informationen.

DIE WELT liefert die wichtigsten Informationen aus erster Hand. Über 90 Korrespondenten berichten von den Brennpunkten des Weltgeschehens. Die Hauptredaktion arbeitet in Bonn.

Ein großes Team anerkannter Journalisten und Mitarbeiter verdichtet das Weltgeschehen und seine Hintergründe zu einer Tageszeitung von Weltrang.

Das besondere Angebot für die Leser dieses Buches: Zum Kennenlernen erhalten Sie DIE WELT 14 Tage kostenlos und unverbindlich ins Haus.

Bitte schreiben Sie an DIE WELT, Leser-Service, Postfach 30 58 30, 2000 Hamburg 36.

DIE ● WELT

UNABHÄNGIGE TAGESZEITUNG FÜR DEUTSCHLAND